Inhalt

Die Allmacht des Genies
und der Katze mit der Maus

Richard Wagner in seinen Briefen

»Nun also, liebe Mathilde«, schreibt Wagner am 27. Februar 1869 aus Tribschen an Mathilde Maier, die Freundin aus seiner Biebricher Zeit, und dankt ihr mit seinem Brief für die »vielen schönen und guten Briefe«, die sie ihm geschrieben habe, »nun also soll einmal die große Geschichte losgehen: Du sollst es mir am jüngsten Tage bezeugen, daß ich Dir auch einmal wieder geschrieben habe. Eigentlich faßt mich schon wieder die Wut bei dem Gedanken, daß ich einen Brief schreibe: das ist mir nun einmal zu einer Art von Naturfehler geworden. Aber, wenn's nicht was Großes wäre, so würde es mir ja auch nicht gerechnet werden.« – Es sind etwas unwirsche Sätze, mit denen Wagner seinen Brief an die Freundin eröffnet, den letzten großen Brief einer umfangreichen Korrespondenz, die einmal stürmisch begonnen hatte, doch nach zwei reich gesegneten Jahren allmählich ins Stocken geraten war. Die gemeinsamen Biebricher Tage, in denen Wagner an der Komposition der *Meistersinger* arbeitete – wie immer bedrängt von Existenzsorgen und finanzieller Not, fast ausschließlich angewiesen auf die knappen Vorschüsse seines Verlegers –, liegen inzwischen sieben Jahre zurück, und seine Lebenssituation hat sich tiefgreifend verändert: Bei Luzern am Ufer des Vierwaldstätter Sees hat er endlich gefunden, wonach er sich schon damals heftig sehnte (und was er von Mathilde Maier vergeblich zu erlangen hoffte): Familie, Frieden und auch – dank der Protektion durch den bayerischen König – einen gewissen Komfort; in sein Leben ist sogar, wie er am 24. Februar, wenige Tage vor dem Brief an Mathilde Maier, dem königlichen Freund nach München meldet, eine »seltsame Gleichmäßigkeit« eingezogen, die ihn selber, als ein lang entbehrter und für ihn ganz ungewohnter Zustand, am meisten zu erstaunen scheint. Es ist die Zeit des sogenannten Tribschener Idylls, jene Zeit also, an die auch Nietzsche – der in eben diesen Februartagen des Jahres 1869 als Professor für klassische Philologie nach Basel und damit in Wagners Nähe berufen wird – sich später stets in Dankbarkeit erinnerte, ja der er, als er längst zum Kritiker und Antipoden Wagners geworden war, noch aus der Distanz von zwei Jahrzehnten ihre »Heiterkeit« und »halkyonische Leichtigkeit« nachrühmte.

Wagners eigene Darstellung scheint dies zu bestätigen. Er, dessen Sache solche Leichtigkeit gewiß nicht war, zeichnet in seinem Brief an Ludwig das Bild einer vergleichsweise beruhigten und harmonischen Altersexistenz, die vorwiegend ausgefüllt ist mit Klassikerlektüre und stetiger Komponierarbeit. Soeben hat er die Partitur des zweiten *Siegfried*-Aktes abgeschlossen – die Kompositionsskizze dazu war schon zwölf Jahre zuvor entstanden, er hatte sie aber, an der Aufführbarkeit des großen Werkes zweifelnd und unwiderstehlich vom Tristan-Stoff angezogen, liegengelassen –: nun drängt es ihn, die Arbeit am noch gänzlich unkomponierten dritten Akt aufzunehmen. Vorher aber muß er sich noch seiner Briefschulden entledigen – zuerst beim König, der von ihm alle Einzelheiten über sein Leben, seine Gesundheit, seine häusliche Umgebung, über die kleinen Vor- und Zufälle seines Tribschener Tageslaufs zu erfahren wünscht. Wagner erfüllt den Wunsch und schreibt an Ludwig einen Brief von sechzehn Bogen Länge, worin er fast pedantisch Bericht erstattet (und man merkt, daß ihm die Nachwelt dabei schon über die Schulter schaut) und worin er auch mancherlei »Unsinnigkeiten« und »törichte Zumutungen« erwähnt, die an ihn, den Vielgeplagten, brieflich herangetragen werden. Danach muß er die übrige unerledigte Post vornehmen – da mag der Stoßseufzer, womit er den Brief an Mathilde Maier beginnt, wohl begreiflich sein. Merkwürdig ist dennoch, daß Wagner nach diesem nicht gerade liebenswürdigen Entrée die alte Freundin, die ihm einst das Phantasiebild des *Meistersinger*-Evchens mit anregen half, kräftig auszuzanken beginnt: Wie sie nur glauben und es anderen schreiben könne, daß er seine frühere Liebenswürdigkeit verloren habe? – Das, schreibt er, habe ihn sehr geärgert, und er habe

8

den ganzen Tag darüber gebrummt. Denn er sei immer noch liebenswürdig, und sogar mehr als vor dreißig Jahren. Nur – daß er keine Briefe mehr schreiben könne! Und dann: »Es scheint aber jetzt so in der Luft zu liegen, mich als alten, eigensinnigen und gebrechlichen Greis anzusehen, der bloß noch nörgelt und allerhand Untugenden hat.« – Dann kommt er auf einige andere, »stachelige« Dinge zu sprechen: auf Mendelssohn und seine Bühnenmusik zur Sophokleischen *Antigone*, über die er sich kürzlich recht kritisch geäußert habe; auf Eduard Devrients *Erinnerungen an Mendelssohn*, die er demnächst und »vorläufig pseudonym« abfertigen werde; auch die Schrift über das *Judentum* lasse er jetzt wieder drucken: »Da gibt's böse Dinge, über die – glücklicherweise – Sophokles ebenfalls zu schreiben sich wohl gehütet hat.«

In solchen Briefpassagen ist zwar noch etwas von Wagners ein wenig schartigem Humor, kaum aber von heiterer Altersharmonie, von weltfreundlicher Toleranz zu spüren, ja Wagner scheint es, allen gegenteiligen Versicherungen zum Trotz, geradezu darauf anzulegen, sich dort, wo man ihm am freundlichsten entgegenkommt, von seiner widerborstigsten und unliebenswürdigsten Seite zu zeigen. Noch auf der Höhe seines Ruhmes und seiner Künstler-Meisterschaft bemerkt man bei ihm jenes Element von rebellischer Unangepaßtheit, das schon immer der eigentliche Stachel seiner Produktivität war, das aber jetzt, im Alter, da es mehr und mehr auf Ersatzobjekte umgeleitet wird, in seiner ironischen Widersetzlichkeit auch irritierende, ja beunruhigende Züge gewinnt. Dem Freundlichen, heißt es in demselben Brief an Mathilde Maier, »halte ich mich nun einmal fern, so gut ich kann, da ich jetzt immer nur meine Galle exerziere, die ich am nötigsten gebrauche, um etwas auszurichten.«– Dem alten Freund Ernst Benedikt Kietz, dem Genossen seiner Pariser Hungerjahre, der von ihm Zuspruch und finanzielle Unterstützung erbeten hat, rückt er wenig später (am 29. März 1869) noch rabiater zu Leibe: »Was ist das alles, was Du mir da wiederholt sagst? Wäre ich still im Verkommen, so wüßtest Du nichts von mir: nun von mir oft und lärmend öffentlich die Rede ist, verwechselst Du diesen Beschrienen mit dem Freunde, der einst einige Jahre Dir nahe und genau erkenntlich war. Denkst Du denn, dies alles sei nur so eine um des lieben Fortkommens willen gespielte Komödie, im Grunde aber wäre alles noch so wie in der rue de la Tournerie oder in Meudon?« – Das ist freimütig bis zur Schroffheit, scharfblickend bis zur Kälte. Liebenswürdigkeit, wie Wagner sie für sich in Anspruch nahm, wird man in diesen Briefen, wenigstens in ungemischter Form, nicht finden, schon gar nicht die halkyonischen Reflexe des Tribschener Idylls. (Und es empfiehlt sich, Nietzsches Satz aus *Ecce homo* über die Tribschener Zeit: »Ich weiß nicht, was andre mit Wagner erlebt haben: über *unsern* Himmel ist nie eine Wolke hinweggegangen« – vor allem als *Einschränkung* zu lesen.) Seinen Freunden jedenfalls machte Wagner es noch schwerer als seinen Gegnern und Kritikern, und gerade für jene, die ihm nahestanden, konnte er eine unausstehliche Belastung sein. Nur eines werden sie ihm »am jüngsten Tage« bezeugen können, daß er nämlich ein ebenso glänzender wie geduldiger, ein so faszinierend vielseitiger wie suggestiver Briefschreiber war – und einer der fleißigsten obendrein.

Wagners Briefe – über fünftausend sind erhalten, weit mehr hat er geschrieben –: sie bilden ohne Zweifel eine der außerordentlichen Korrespondenzen der gesamten Kulturgeschichte, gleich erstaunlich an Umfang, Reichweite und Gehalt. Was sich hier auf annähernd zwanzigtausend Druckseiten ausbreitet (die leider nicht in geschlossener, leicht handhabbarer Edition vorliegen, sondern die man sich mühsam, oft von entlegenster Stelle zusammensuchen muß), ist nicht nur das Ergebnis eines schier unerschöpflichen Mitteilungsbedürfnisses, sondern auch ein einzigartiges Zeugnis künstlerischer Willenskraft, psychologischen Scharfsinns und intellektueller Energie – dann aber auch ein Lebens- und Zeitdokument von imponierender Geschlossenheit und Vielfalt, wie es selbst im 19. Jahrhundert, diesem Jahrhundert der historischen Bildung und der archivarischen Leidenschaft, so leicht kein zweites mehr gibt. Je weiter man in der Lektüre fortschreitet, desto verwunderter fragt man sich, woher Wagner Kraft, Zeit und Geduld nahm, ein Briefœuvre dieses Umfangs zu Papier zu bringen. Denn da er für die meisten Briefe, die ihm wichtig waren, Konzepte entwarf – die heute in vielen Fällen, wo die Originale verlorengingen, als Quelle dienen –, ist seine Korrespondenz schon rein physisch eine erstaunliche Leistung, Resultat strenger Arbeitsdisziplin und kluger Zeitverwaltung und, wenn man so will, ein schöpferisches Lebenswerk für sich; drei Bände Briefwechsel mit Ludwig II., zwei Bände Briefwechsel mit Franz Liszt, zwei Bände Briefe an Minna (die aber längst nicht alle Briefe enthalten, die Wagner an seine erste Frau geschrieben hat), dann die großen Korrespondenzen mit Mathilde Wesendonck und Mathilde Maier, mit dem Dirigenten Hans von Bülow und dem Orchestermusiker Theodor Uhlig, mit Anton Pusinelli, dem Dresdner Arzt; dann aber auch die – jeweils einen eigenen Band ausfüllenden – Briefe an Eliza Wille, Judith Gautier und Otto Wesendonck, an die Dresdner Freunde Ferdinand Heine und Wilhelm Fischer, an die Jugendfreunde Theodor Apel und Ernst Benedikt Kietz, an den Dirigenten Hans Richter, den Revolutionsgenossen August Röckel, an Heckel, Feustel, Muncker und Brandt, die Hauptförderer und -mitarbeiter des Bayreuther Unternehmens; nicht zuletzt die schmaleren, aber gewichtigen Briefwechsel mit Nietzsche, Baudelaire, Meyerbeer und Cornelius – man kommt hier nicht so bald an ein Ende. Denn da sind auch noch die Briefe an die Mäzenatin Julie Ritter, die Familienbriefe, die zahllosen verstreuten Briefe an Sänger und Künstler, an Freunde und Zeitgenossen, an Politiker und Diplomaten – ein weitverzweigtes Netz von Korrespondenzbeziehungen, die bis nach Paris, London und Petersburg und zuletzt nach Amerika reichen. Der Theaterdirektor Angelo Neumann veröffentlichte in seinen *Erinnerungen an Wagner* fast hundert Wagner-Briefe, und auch die Memoiren des Komponisten Wendelin Weißheimer und der Sängerin Lilli Lehmann verdanken ihren Reiz nicht zum wenigsten Wagners rastloser Briefproduktion. Und da sind schließlich der umfangreiche Briefwechsel Wagners mit seinen Verlegern, mit der Münchner Ministerialbürokratie und seine riesig ausgedehnte Korrespondenz mit Theatern und Opernhäusern anläßlich der Aufführung seiner Werke – ganz zu schweigen von dem, was noch unpubliziert in den Archiven lagert (etwa die meisten Briefe an Eduard Devrient und den Großherzog von Baden) oder was als verloren gelten muß (die Briefe an Seraphine Mauro, viele Briefe an Constantin Frantz, vor allem fast der gesamte Briefwechsel mit Cosima Wagner). Und auch heute, hundert Jahre nach Wagners Tod, kommt dauernd neues Material ans Licht, und schon jetzt gibt es empfindliche Lücken in dem großen Sammelwerk, das die erhaltene Korrespondenz Wagners editorisch erschließen will und mit allzu kühnem, weil nicht einlösbarem Anspruch *Sämtliche Briefe* genannt wird.

Wagner, das Produktionsgenie! – denn das war er, da doch alles, was er an Briefen schrieb, gleichsam nebenbei entstand, neben den Kompositionen, den Dramentexten, den theoretischen und literarischen Schriften, die sechzehn Bände füllen, einer monumentalen Autobiographie; neben den großen Konzertreisen, der Dirigententätigkeit, dem Aufbau des Bayreuther Unternehmens. Angesichts dieser Arbeitsleistung begreift man gut, daß er zuweilen stöhnt und klagt, den Umfang seiner Korrespondenz verflucht (über die auch die österreichische Polizei, die den steckbrieflich gesuchten sächsischen Flüchtling 1858/59 in Venedig ausspäht, in ihren Berichten vermerkt, daß sie »ziemlich ausgedehnt« sei) und einmal, in einem Brief an Liszt vom 9. November 1852, ausruft: ». . . ich lebe ein *unbeschreiblich nichtswürdiges* Leben! Vom wirklichen Genusse des Lebens kenne ich gar nichts: für mich ist ›Genuß des Lebens, der *Liebe*‹ nur ein Gegenstand der Einbildungskraft, nicht der Erfahrung. So mußte mir das Herz in das Hirn treten und mein Leben nur noch ein künstliches werden . .« – und dennoch ist fast immer *er* es, der seine Briefpartner um Antwort mahnt, ihr langes Schweigen beklagt, selber aber pünktlich und zuverlässig antwortet – bis zu jenem letzten Brief, den er zwei Tage vor seinem Tod aus Venedig an Angelo Neumann schreibt.

Man muß an dieser Stelle etwas erzählen über die unselige, an Entstellungen und Verfälschungen wahrhaft nicht arme Editionsgeschichte dieser Briefe. Sie begann schon zu Wagners Lebzeiten mit den berühmten *Briefen an eine Putzmacherin*, die der Wiener Feuilletonist Daniel Spitzer 1877 in der Absicht veröffentlichte, den großdeutschen Kunstheros von seiner allzu menschlichen Seite zu zeigen – und die doch vor allem dem spießerhaften Ressentiment gegen Wagners Verschwendungssucht und Lebensführung Nahrung gaben. Aber ungleich bedenklicher als dieser etwas subalterne Versuch einer Entlarvung war die durchgehende Tendenz zur Verharmlosung und Beschönigung, mit der das offizielle Bayreuth, verkörpert in der Gestalt Cosimas, der Witwe, den brieflichen Nachlaß Wagners verwaltete, einzig darauf bedacht, das Anstößige zu tilgen, das Unheimliche zu überspielen, das Peinliche hinwegzuerklären und die schwer erworbene nationale Honorigkeit zu wahren. Wenn Wagner am 24. Oktober 1872 an Nietzsche schrieb: »Ich wenigstens bin jetzt so weit, nach gar keiner Seite zu mir ein Blatt vor das Maul zu nehmen: und käme mir die Kaiserin Augusta in den Weg, sie sollte bedient werden« – dann fehlt dieser Satz »natürlich« in der ersten Druckfassung des Briefes (und nur der Kuriosität halber sei vermerkt, daß eine andere skandalöse Nachlaßverwalterin, Nietzsches Schwester Elisabeth Förster, ihn in ihrem Buch über Wagner und Nietzsche korrekt veröffentlichte); und noch in der vierten Auflage der Liszt-Briefe von 1919 stehen an einigen prekären Stellen die verräterischen Auslassungszeichen, zum Beispiel in dem großen Brief über die Konzeption des Nibelungen-Rings vom 20. November 1851 bei dem für Wagners antibürgerliche Affekte so ungemein charakteristischen Satz: »Du hast z. B. nicht mehr darüber Dich zu ängstigen, was diese Leute« – gemeint ist das Opernpublikum – »zu dem ›Weibe‹ sagen werden, die unter ›Weib‹ immer nur ihre Frau oder – wenn sie sich hoch versteigen – ein Bordellmädchen denken können!« Das »Weib«, wie gesagt, in der Gestalt Cosimas wurde da, wie die Fricka des Nibelungen-Rings, zur Hüterin der Ehe und des bürgerlichen Anstands. Aber Cosima vernichtete auch Wagners

Briefe an Mathilde Wesendonck – die wir nie in ihrer vollständigen Gestalt kennenlernen werden –, und sie legte fest, daß auch die Briefe, die sie selber von Wagner erhalten hatte, nach ihrem Tode zu vernichten seien – was mit ganz wenigen Ausnahmen auch geschah, unter Umständen freilich, die – so der Herausgeber der spärlichen Relikte – eines »kriminellen Einschlags« nicht entbehren. Und ganz ähnlich erging es Wagners Briefen an die französische Schriftstellerin Judith Gautier, diesen erstaunlichen Zeugnissen einer späten Leidenschaft, die zwar größtenteils erhalten sind, aber in oft undatierbare Bruchstücke zersplittert und durch allen Philologenspürsinn nicht in ihrer originalen Gestalt rekonstruierbar. Versäumnisse, Schlampereien und Merkwürdigkeiten, wohin man blickt! Denn muß man es nicht merkwürdig nennen, daß ein so bedeutender und für Wagners Persönlichkeit so aufschlußreicher Briefwechsel wie der mit seinem Dresdner Freund Anton Pusinelli bisher nur in englischer Sprache ungekürzt vorliegt, während es in deutschen Ausgaben dieser Briefe von Auslassungen nur so wimmelt? Und ist es nicht ein Versäumnis ersten Ranges, daß Wagners Briefe an Charles Baudelaire in keine Briefsammlung aufgenommen wurden? Aber das Versäumnis hat Methode, wäre er doch sonst in eine Nachbarschaft geraten, die der heroisierenden und chauvinistischen Wagner-Biographik als anstößig galt: die der französischen *décadence*. – Ein Kapitel für sich bilden Wagners Briefe an Minna, die 1908 in zwei Bänden, doch höchst unvollständig erschienen. Denn Natalie Bilz-Planer, Minnas uneheliche Tochter, zeitlebens von ihr als ihre Schwester ausgegeben, hatte in berechtigtem Mißtrauen gegenüber Cosimas editorischer Redlichkeit nicht weniger als einhundertachtundzwanzig Briefe Wagners an Minna zurückgehalten, darunter einige der bemerkenswertesten Stücke aus früher Zeit: wild hingewühlte, von Ausrufungszeichen und beschwörenden Exklamationen übersäte Ausbrüche einer eifersüchtigen Leidenschaft – Briefe, die erst 1950 in der großen amerikanischen Burrell Collection erschienen, wo sie, wie Thomas Mann schrieb, die eigentliche »pièce de résistance« bilden: »Wir haben da ... die ganze bittere

Geschichte dieser Ehe vom ersten Liebeswort bis zur endgültigen Trennung. Wir lernen viel daraus: vor allem, daß Wagners Bindung an diese Frau viel stärker, tiefer verwurzelt und dauerhafter war, als man sich wohl vorgestellt. Er hat sie ganz offenbar leidenschaftlicher geliebt als alle, die ihr später sein Herz stahlen: Jessie Laussot, Mathilde Wesendonck, Cosima von Bülow, in denen sie notwendig teuflische Verführerinnen erblicken mußte, während sie ihr einfach an Verständnis für Wagners Künstlertum überlegen waren.« – Aber die Burrell Collection gab auch Aufschluß über den Briefwechsel, in welchem Cosimas Rotstift am unerbittlichsten gewütet hatte: dem mit Theodor Uhlig, der wahrscheinlich Wagners wichtigster Briefpartner in den ersten Jahren seines Zürcher Exils war, weil er sich ihm gegenüber so radikal und unverblümt auszusprechen wagte wie nicht einmal in den Briefen an Franz Liszt, den großen Künstlerfreund. Ja, die Briefe an Uhlig zeigen uns sogar Wagners *Vorbehalte* gegenüber Liszt, etwa wenn wir lesen: »Mir kommt diese rastlose Bemühung Liszts, das Feuer meiner Berühmtheit mit Teufels Gewalt anzublasen, recht rührend, zugleich aber auch sehr komisch vor« – eine Bemerkung, die nicht gerade für Wagner einnimmt, da er doch selber Liszt soeben aufgefordert hatte, einen werbenden Zeitungsartikel über *Lohengrin* zu lancieren, und man kann es fast verzeihlich finden, daß Cosima solche Sätze ihres Mannes über ihren Vater nicht drucken ließ. Aber sie tilgte in den Briefen an Uhlig auch die meisten *politisch* radikalen Aussagen Wagners, zum Beispiel in dem fanalartigen Brief vom 22. Oktober 1850, dieser rasend revolutionären, auch sprachlich gewalttätigen Kampfansage an die moderne Geldzivilisation, deren großes Symbol, das »ungeheure Paris« – wie Wagner schreibt – zu Schutt gebrannt, deren »unausmistbare Augeasställe« in wilder Begeisterung angezündet werden müßten, um endlich gesunde Luft zu gewinnen. Und er fährt fort: »Mit völliger Besonnenheit und ohne allen Schwindel versichere ich Dir, daß ich an keine andere Revolution mehr glaube als an die, die mit dem Niederbrande von Paris beginnt: – eine Junischlacht wird man dort nicht wieder schlagen – denn der Mensch ist sich heilig geworden, nicht aber sind dies mehr die Mauerlöcher, in denen sie zu Bestien werden. – Erschrickst Du? – denke redlich und besonnen nach – Du kommst zu keinem anderen Schluß! Starker Nerven wird es bedürfen, und nur wirkliche Menschen werden es überleben, d. h. solche, die durch die Not und das großartigste Entsetzen erst zu Menschen geworden sind. – ›Ob etwas Gedeihliches dabei herauskommen werde?‹ – Laß einmal sehen, wie wir uns nach dieser Feuerkur wiederfinden. . . Jedenfalls wird es sehr schnell gehen – denn Du siehst, vom allmählichen Fortschritt ist hier nicht die Rede: unser Erlöser zerstört rasend schnell, was uns im Wege steht!« – Leidenschaftliche, aber auch erschreckende Sätze! Daß Cosima sie unterdrückte, war eine Fälschung großen Stils, eine Fälschung im Dienste jener deutschnationalen Legendenbildung, der der späte Wagner ebenso Vorschub leistete, wie er ihr postum zum Opfer fiel.

Was waren die Motive für Wagners furchterregende Briefproduktion? Neben mancherlei Lebenspraktischem und dem Zwang zum Gelderwerb gewiß vor allem das Bedürfnis nach Kommunikation, nach Mitteilung seiner selbst, ein Bedürfnis, das sich in bestimmten Abschnitten seines Lebens geradezu eruptiv entlädt: früh schon in den erwähnten Leidenschaftsbriefen an Minna Planer vom November 1835 und Juni 1836, spät noch in den Briefen und Telegrammen an Cosima während der kurzen Phasen ihrer Trennungen (einmal, im Februar 1879, werden zwischen ihr und Wagner an drei Tagen fünfzehn Telegramme gewechselt!); am heftigsten aber in den frühen Jahren des Schweizer Exils, in denen Wagner, abgeschnitten vom persönlichen Umgang mit den in Deutschland zurückgebliebenen Freunden, ohne Hoffnung auf Aufführung seiner Werke und auch künstlerisch weitgehend isoliert, nicht nur seine großen, selbstpropagandistischen Kunstschriften verfaßt, sondern auch einige seiner längsten und erklärungssüchtigsten Briefe – endlose Monologe eines ganz von sich erfüllten Weltbeglückers und Kunstreformators. Wagners oft bemerkte Neigung zum Monologisieren und Bramarbasieren, zur Darstellung seiner selbst, sein Hang zu belehren und zu erklären (Minna sprach von seiner »Suade«, Nietzsche schrieb: »er sagt ein Ding so oft, bis man verzweifelt – bis man's glaubt«), dieser *Gestus des suggestiven Überredenwollens* – ein Gestus, der sich auch in Wagners Musik ausprägt und letztlich auf die Überwältigung, ja Unterwerfung des Hörers zielt –, er bestimmt auch die innere Dynamik vieler Briefe, am deutlichsten vielleicht in einigen großen, an Minna gerichteten Rechtfertigungsbriefen wie dem Brief vom 16. April 1850 aus Paris, worin er, berauscht von der jungen Liebe zu Jessie Laussot, Minna den Gedanken an eine Trennung nahezulegen versucht. Der Brief ist ein Meisterstück suggestiver Überredungskunst und ein glänzendes Beispiel für Wagners Fähigkeit, Vernunft und rhetorisches Geschick seinen heimlichen Wünschen dienstbar zu machen. Doch muß man hinzufügen: er ist nicht nur dies, er ist gleichzeitig der Versuch einer *Klärung*, und man kann auch die Geduld, die argumentative Redlichkeit, die selbstkritische Fairneß bewundern, mit der Wagner seiner Frau hier auf vielen Seiten – nicht nur zu *seinem*, sondern, wie er meint, auch zu *ihrem* Besten – die traurige Geschichte ihrer Ehe und die Gründe ihres Scheiterns beschreibt, und das liest sich wie der Dialog zwischen Wotan und Fricka aus dem zweiten Akt der *Walküre*, in Briefprosa zurückübersetzt: »Du hängst an Ruhe und Dauerhaftigkeit der Verhältnisse – ich muß sie brechen, um meinem inneren Wesen zu genügen; Du vermagst alles zu opfern, um eine ›geachtete Stellung‹ in der bürgerlichen Welt zu haben, die ich verachte und mit der ich nichts zu tun haben will; Du hängst mit ganzem Herzen am Besitz, an Haus, Hof, Gerät und Heimat – ich verlasse das alles, um ein Mensch sein zu können. Du denkst nur mit Wehmut und Sehnsucht an die Vergangenheit zurück – ich gebe sie auf und denke nur an die Zukunft. All Deine Wünsche gehen auf Versöhnung mit dem Alten, auf Nachgeben und Sichschmiegen, auf Wiederanknüpfen – ich habe mit allem Alten gebrochen und bekämpfe es mit allen meinen Kräften. Du hängst an der Person, ich an der Sache; Du an einzelnen Menschen, ich an der Menschheit. So ist zwischen uns nur Widerspruch, unversöhnbarer Widerspruch: so können wir uns nur gegenseitig aufreiben, ohne uns je zu beglücken: und vielleicht bist Du der unglücklichere Teil – Du – denn wohl verstehe ich Dich, nicht aber verstehst Du mich!« – Der Wille zu überreden und der Wunsch zu überzeugen gehen hier fast ununterscheidbar ineinander auf, und an dieser seltsamen Mischung aus egozentrischer Selbstrechtfertigung und selbstlosem pädagogischen Eifer mag es auch liegen, daß Wagner so viele Briefe, fast ohne Absicht und gleichsam unter der Hand, zum Essay, zur belehrenden Abhandlung werden – so wie ihm der Nibelungen-Stoff, allein aus dem Wunsch nach *Verdeutlichung*, aus Gründen also, die mehr mit diesem Stoff als mit der kalkulierenden Absicht des Autors zu tun haben, unter der Hand zur Tetralogie anwächst –, ein Sachverhalt, den Wagner selber mit Verwunderung konstatiert und in einem Brief an Ferdinand Heine selbstironisch mit den Worten kommentiert: »Ich bin einer von denjenigen, der sich immer einbildet, befragt worden zu sein, und gerate deshalb ewig unberufen in das Antworten.«

Ein schönes Beispiel dafür ist der lange Brief an den Sänger Albert Niemann, den Wagner am 21. Februar 1861 in Paris schrieb, kurz vor der berühmten, skandalerregenden Aufführung des *Tannhäuser* an der Großen Oper, unter Zeitnot und angespanntestem Arbeitsdruck. Niemann, ein junger, gerade dreißigjähriger Sänger aus Hannover, war von Wagner selber für die Titelpartie ausgewählt worden. Doch während es Wagner gelang, die französischen Sänger immer besser an die für sie ungewohnten Aufgaben heranzuführen, gab es mit Niemann, den Wagner noch am 12. Februar in einem Brief an Mathilde Wesendonck einen »großen Künstler der allerseltensten Art« genannt hatte, unerwartete Schwierigkeiten, die sich schließlich zum Konflikt zuspitzten, als der Sänger die Streichung einer schwierigen Passage verlangte. Also – schreibt Wagner einen Brief – und beginnt ihn mit bitteren Vorwürfen: »Nachdem ich Sie vor ganz Deutschland, dem Sie bisher nur zu geringem Teil bekannt geworden sind, vor Frankreich, ja vor Europa dadurch ausgezeichnet habe, daß ich Sie und keinen andern als den einzigsten Sänger, zu dem ich volles und – blindes Vertrauen hege, nach

Paris berufen ließ, ist es mir – seit Ihrem Eintritt in Paris – nicht gelungen, das mindeste Vertrauen Ihrerseits zu gewinnen. Sie haben sich – ich kann sagen fast beleidigend – vor mir zurückgezogen gehalten und fast sorgfältig umgangen, irgendwelchen Rat von mir zu nehmen. Sie . . . erklären mir, in Zukunft nicht mehr viel mit meinen Opern überhaupt sich abgeben zu wollen, und zertrümmern mir so, wohl wissend, welche Wichtigkeit für meine und meiner Werke Zukunft ich Ihnen beimesse, die kaum gewonnene Aussicht, in Ihnen den ersehnten Darsteller meiner Helden gefunden zu haben. – Dies habe ich denn zu verschmerzen und meine künftigen Pläne darnach einzurichten.« – Jetzt aber, so fährt Wagner fort, handle es sich darum, die Aufführung des *Tannhäuser* zu retten, und darum könne er nicht verschweigen, was er auf dem Herzen habe. Und nun beginnt er – Punkt für Punkt, Akt für Akt –, dem Sänger die strittigen Fragen und das richtige Verständnis der Partie auseinanderzusetzen, erläutert mit hingebender Geduld und zwingender Logik – geleitet nur von der Absicht, dem Sänger als dessen eigene Einsicht zu zeigen, wovon er selbst überzeugt ist – warum die zweifelhafte Passage nicht gestrichen werden könne –, und man glaubt es Wagner aufs Wort, da er auch in anderen Briefen immer wieder auf diese Finalperipetie des zweiten Aktes eingeht; kurz: er schreibt einen Brief an Niemann und zugleich, in diesem Brief, eine fulminante Abhandlung zur Interpretation des Tannhäuser, die zu kennen auch heute kein Sänger der Partie versäumen sollte. – Man kann nur vermuten, wieviel Zeit Wagner auf die Niederschrift dieses langen und noblen Briefes verwendet hat: da, während er die letzten Zeilen schreibt, erreicht ihn ein Brief Niemanns, worin dieser, grob im Ton, erneut die Streichung der Stelle verlangt, andernfalls Wagner sich einen andern Tannhäuser suchen solle. Wagner erwidert: »Ich sehe, bis auf welchen Punkt Sie angekommen sind. Sie sprechen gegen mich eine Sprache, die ich wirklich nur verstehe, wenn ich mich in die allerersten Zeiten meiner mühvollen Laufbahn zurückversetze.« – Da haben wir – das abgegriffene Wort mag hier erlaubt sein – den Künstler im Kampf mit der feindlichen Umwelt – und nur nebenbei sei erwähnt, daß Niemann am Pariser *Tannhäuser* 54 000 Francs verdiente, während der Komponist leer ausging. Aus der Perspektive seines Weltruhmes erscheint Wagners egozentrische Selbstpropaganda nur wie ein häßlicher Charakterfehler, doch war sie auch ein Mittel der Selbstbehauptung, und wenn man Wagner einmal das »*unhöflichste* Genie der Welt« genannt hat, dann sollte man hinzufügen, daß er einer Welt gegenüberstand, der mit Höflichkeit allein nicht beizukommen war.

Liest man Wagners Briefe im chronologischen Zusammenhang, so hat man in ihnen, trotz aller Erfolge, trotz der Zuwendung von Freunden und von Frauen, vor allem eine Leidensgeschichte – die erst dadurch, daß ihr *dieses* Werk abgerungen wurde, auch etwas Triumphales bekommt: *splendeur et misère de la vie d'un artiste*. Und in der Tat war es ein Leben der Rastlosigkeit, der Mühsal, der exzessiven Arbeit, das ständig gefährdet war durch Krankheit, Nervenleiden und Schlaflosigkeit, auch durch Geldnot und politische Widrigkeiten – ein Leben, in dem sich Glücks- und Liebesverlangen und das Verlangen nach Ruhe, der Wunsch, die Welt zu erobern, und der, von ihr erlöst zu sein, in paradoxer, doch unauflöslicher Weise verschränken. Auch davon zeugen die Briefe, ja dies ist – vor aller künstlerischen Selbstdeutung – ihr eigentliches Thema. Und sie zeugen davon mit hinreißender Unmittelbarkeit, denn Wagner, der ein sprunghaftes, leicht reizbares, äußerst widersprüchliches Künstlertemperament besaß, schrieb oft aus dem ersten Impuls, aus heftig gesteigerten Zuständen der künstlerischen Begeisterung und fieberhaften Exaltation, dann wieder der Depression und tiefen Verzweiflung. »Alles im Leben entscheidet schließlich der unwillkürliche Trieb«, schreibt Wagner an Peter Cornelius – ein typischer Wagner-Satz! Ein wilder Sturm der Gefühle weht durch diese Briefe, etwa wenn es am 18. April 1851 in einem Brief an Liszt heißt: »Das künstlerische Elend weit – weit um mich herum ist so groß, meine Stimmung so hoffnungslos, daß ich mich gerade jetzt nur noch über mich lustig machen konnte, wenn ich

z. B. an die Komposition meines Siegfried dachte; und diese Stimmung trug ich auf alle meine Arbeiten über: kürzlich blätterte ich in meiner Partitur vom Lohengrin; sie erweckte mir geradesweges Ekel – und mein ab und zu ausbrechendes Lachen war nicht erheiternder Art. – Nun trittst Du wieder zu mir und hast mich auf eine Weise ergriffen, entzückt, erwärmt und begeistert, daß ich in hellen Tränen schwamm und plötzlich wieder keine höhere Wollust kannte als – Künstler zu sein und Werke zu schaffen. Es ist ganz namenlos, was Du auf mich gewirkt hast: überall sehe ich nur den üppigsten Frühling um mich her, keimendes und sprossendes Leben; und dabei einen so wollüstigen Schmerz, eine so schmerzlichberauschende Wollust, eine solche Freude, Mensch zu sein und ein schlagendes Herz zu haben, empfinde es selbst auch nichts als Leiden – daß ich nur bejammere, Dir das alles *schreiben* zu müssen.« Welches Schwanken zwischen extremen Gefühlen – zwischen Lebensüberdruß und stürmischer, durch und durch erotisch geprägter Daseinslust! Die Briefe an Liszt sind voll von solchen Anfällen finsterer Melancholie und desperater Lustigkeit: »Was könnte mir helfen?« – schreibt Wagner am 30. März 1853, kurz vor seinem vierzigsten Geburtstag – »Meine Nächte sind meist schlaflos – müd und elend steig' ich aus dem Bett, um einen Tag vor mir zu sehen, der mir nicht *eine* Freude bringen soll! Ein Umgang, der mich nur peinigt und vor dem ich mich zurückziehe, um mich wieder nur selbst zu peinigen! Ekel faßt mich, was ich auch immer ergreife. So kann das nicht fortgehen!! Ich mag das Leben nicht länger tragen!« – Wie ernst hat Wagner es gemeint? Ebenso ernst wie das, was er am 15. Januar 1854 an Liszt schrieb: »Ich … kenne nur noch eine Hoffnung: einen *Schlaf*, einen *Schlaf*, so tief, so tief – daß alles Gefühl der Lebenspein aufhört. Ihn sollte ich mir doch verschaffen können: es ist nicht so schwer.«

Geschrieben einen Tag nach der Komposition des *Rheingold*, sind solche Sätze ein sicherer Beleg dafür, daß auch die Kunst, die Schaffenslust nicht als reines Glück, sondern als Ventil, als Lebensersatz empfunden wird. Und Wagner schreibt denn auch: »Nun, das *Rheingold* ist fertig – fertiger als ich glaubte. Mit welchem – Glauben, mit welcher Freude ging ich an die Musik! Mit wahrer Verzweiflungs-Wut habe ich endlich fortgefahren und geendet: ach, wie auch mich die Not des Goldes umspann! Glaub' mir, so ist noch nicht komponiert worden: ich denke mir, meine Musik ist furchtbar; es ist ein Pfuhl von Schrecknissen und Hoheiten!« – Es ist eine vollständig schopenhauersche Situation: die Kunst nicht als Erlösung vom Lebenstrieb, sondern als seine letzte, qualvolle kompensatorische Steigerung! Wagner kannte Schopenhauer damals noch nicht, aber ein Jahr später konnte er sich mit dessen Kategorien die eigene Erfahrung deuten – und es ist bezeichnend, daß dies in einem Brief an den Freund, Förderer und »Vormund« Jakob Sulzer geschah, der Staatsschreiber in Zürich war, ein aufgeschlossener Kunstfreund und ein in vielem entgegengesetzter Charakter. Ihm schrieb Wagner am 10. Mai 1855 aus London: ». . . solange ein Funken Leben in mir ist, werden mich jene künstlerischen Illusionen wohl nicht loslassen; sie sind wirklich die Lockvögel, mit denen der Lebenstrieb meine Einsicht immer wieder zu seinem Dienste einfängt. Ich kann wirklich nichts rein und deutlich mir vorstellen, was sich nicht sogleich mit solchen Bildern vermischt und am Ende der Einsicht somit immer wieder mich zum künstlerischen Phantasten macht. Das Tollste ist, daß ich selbst dieses klar einsehe und mich immer in einem gewissen Truge befangen weiß und dann, statt diesen Trug als solchen ganz festzuhalten und von mir abzuwehren, auch dieses Verhältnis mir wieder zum Bilde wird, das mir sogleich Zeichnung und Farbe zu seiner Darstellung zu Gebote stellt, womit ich denn immer wieder umkehre und dem Leben mit seinen sinnlichsten und einnehmendsten Eindrücken und Beziehungen mich zuwende, um für alle Fälle den Tanz stets wieder von neuem zu beginnen. Somit ist dieses künstlerische Wesen recht eigentlich der Dämon, der mich von den klarsten Einsichten immer wieder in einen Strudel von Verwirrung, Leidenschaft und Torheit reißt und zuletzt mich immer wieder mit einer Welt in Beziehung setzt, die ich eigentlich längst überwunden, deren Nichtigkeit und Hohlheit mir vielleicht klarer ist als manchem andren. . .«

Man hat in diesem Schopenhauer-Erlebnis Wagners, das sich auch in seinen Briefen an Liszt und Röckel vom Winter 1854/55 niederschlägt, oft die eigentliche Wende seines Lebens und seiner Kunstauffassung gesehen: dadurch sei der einstige Rebell zum Renegaten der bürgerlichen Revolution geworden, der Dresdner Barrikadenkämpfer von 1849 und »Zukunftsmusiker« – der bis ins Jahr 1852 hinein wüste Pamphlete und Briefe über Kunst und Politik verfaßte und dem Freund Uhlig die Konzeption des Nibelungen-Rings mit den Worten übersandte: »An eine *Aufführung* kann ich erst *nach der Revolution* denken: erst die Revolution kann mir die Künstler und die Zuhörer zuführen« – zum Anhänger der Erlösungsphilosophie und Propheten der Kunstreligion. Wagner – spottete Nietzsche – hatte den Optimismus in Musik gesetzt, nun mußte Brünnhilde erst Schopenhauer studieren. Und wirklich gibt es in Wagners Brief an Sulzer, genährt durch den Kontakt mit bürgerlicher Demokratie und Parlamentarismus in England, Elemente grollender Politikverachtung: »... aufrichtig gesagt, bin ich auch verdammt gleichgültig gegen alle Politik geworden und erwarte mir weder vom Bestehen noch vom Umsturz etwas.« – Gewiß ist dies eine Wende – aber ist es auch eine des *Künstlers* Wagner? Denn er, der schon am 14. Mai 1849, fünf Tage nach dem Zusammenbruch des Dresdner Aufstands, auf der Flucht ins Exil, in seinem ersten Brief an Minna und keineswegs nur zu ihrer Beruhigung geschrieben hatte: »Siehst Du! *So scheide ich mich von der Revolution...*« – er zeigt auch mit vielen anderen Äußerungen vorher und nachher, daß er auf Schopenhauer innerlich gut vorbereitet war. Und wenn er jetzt, im Februar 1855, an den im sächsischen Zuchthaus Waldheim einsitzenden August Röckel schreibt, Schopenhauer habe ihm eine Richtung gegeben, die von seiner früheren »ziemlich abweiche«, doch seinem »tiefleidenden Gefühle vom Wesen der Welt« einzig entspreche – dann ist das zwar auch Rechtfertigung gegenüber dem Revolutionsgenossen von einst, aber keineswegs die bloße Phrase des Renegaten, der seinen Verrat bemänteln will. Wagner begriff durch Schopenhauer sich selbst – als den Künstler, der er nicht erst werden sollte (im *Tristan*, im *Ring*, im *Parsifaal*), sondern der er im *Holländer*, im *Tannhäuser*, im *Lohengrin* schon gewesen war. Denn diese Werke der frühen, vorrevolutionären Zeit gehören nicht ausschließlich einer optimistisch weltverändernden, gesellschaftsbezogenen Kunstwelt an, so wie die späten Werke nicht vollständig einer pessimistisch-geschichtsfernen Mythenwelt angehören. Es würde dies auch – und nicht nur im Wagnerschen Verständnis – dem Begriff der Oper, vielleicht gar dem der Musik widersprechen. Was den späten Werken an gesellschaftlicher Konkretheit und rebellischem Gestus verlorengeht, wird reichlich aufgewogen durch psychologische Modernität, dramaturgische Kühnheit, die hochentwickelten Konkretionen im ästhetischen Gebilde selbst – auch, wenn man will, durch *Vieldeutigkeit*. Daß sie im Kunstwerk ein Vorzug sei, an diese Einsicht – oder war es ein Instinkt? – hat sich Wagner zeitlebens gehalten. Auch darüber gibt es in einem Brief an Röckel, dem er die Dichtung des *Rings* übersandte, eine interessante Äußerung von erstaunlicher Aktualität: »Ich glaube mich dagegen mit ziemlich richtigem Instinkte vor einem allzu großen Deutlichmachungseifer gehütet zu haben, denn meinem Gefühle ist es klargeworden, daß ein zu offnes Aufdecken der Absicht das richtige Verständnis durchaus stört; es gilt im Drama – wie im Kunstwerk überhaupt – nicht durch Darlegung von Absichten, sondern durch Darlegung des Unwillkürlichen zu wirken. Dies eben unterscheidet auch meinen dichterischen Stoff von dem jetzt fast einzig nur noch gekannten politischen Stoff.«

Über den *Schriftsteller* Wagner hat Nietzsche bemerkt, er zeige »den Zwang eines tapfern Menschen, dem man die rechte Hand zerschlagen hat und der mit der linken ficht«. In der Tat haben Wagners theoretische Schriften, spätestens seit *Oper und Drama*, seit er sich also über Kunst *im theoretischen Zusammenhang* zu äußern versuchte, etwas eigentümlich Schwerfälliges, pedantisch Umständliches, auch etwas zugleich Schwülstiges und Trockenes, das die Lektüre oft so mühsam macht und sicher nicht die kleinste Ursache dafür ist, daß diese Schriften bei allem gedanklichen Reichtum in der ästhetischen Debatte wenig zählen. Thomas Mann fand in ihnen, »rein als Prosa genommen«, sogar etwas »stark Nationalsozialistisches« – und meinte damit wahrscheinlich einen sprachlichen Duktus, dessen künstlich aufgeblähter Wortreichtum empfindlich kontrastiert mit der Undeutlichkeit von Gedanken, die stark im Gefühlsmäßigen wurzeln. (Daß damit kein *inhaltlicher* Zusammenhang mit dem Nationalsozialismus angesprochen ist, sondern eher die Schwierigkeit, die Ausdrucksdimension der Musik in die begriffliche Sprache zu übersetzen, soll hier – um Mißverständnisse zu vermeiden – wenigstens angedeutet werden.) Wagner war sich des Problems offenbar bewußt. An Eduard Devrient schrieb er am 9. September 1852: »Daß ich einmal bis zur wirklichen Theorie, bis zum Schreiben *über* die Kunst, vorschritt, geschah an sich mit so großem Widerwillen, daß ich jetzt an jene damals von mir empfundene Notwendigkeit mich nur mit wirklichem Schmerz erinnern lassen kann. Sie haben doch nicht etwa geglaubt, es sei mir darum zu tun gewesen, ›Bücher‹ zu schreiben und mich als Schriftsteller zu zeigen? ... Glauben Sie vielmehr, daß mich nichts in meinem Leben so unglücklich gemacht hat, als daß ich einmal für nötig halten mußte zu schriftstellern.« – Eine Einsicht, die Wagner freilich nicht hinderte, auch später immer wieder als Schriftsteller hervorzutreten – bis hin zu seiner großen Autobiographie, die durch ihren steifen Kanzleistil über lange Strecken schwer genießbar ist.

Ganz anders die Briefe! Sie sind viel spontaner, anschaulicher, lebendiger geschrieben, so daß wir in ihnen, nimmt man sie als Lebenszeugnisse, gewissermaßen eine zweite Autobiographie haben – die sich neben der »offiziellen«, die Wagner aus der Altersperspektive Cosima diktierte, an Vollständigkeit des Materials durchaus behaupten kann, ihr an Spontaneität, Frische, unstilisierter »Authentizität« weit überlegen ist. Aber auch dort, wo die Briefe von Kunst handeln, leiden sie nicht wie die Schriften unter dem Zwang zu theoretischer Systembildung. Man findet dort glänzend geschriebene Seiten, fragmentarisch in der Form, unverstellt in ihrer Subjektivität, Formulierungen von blitzender Klugheit und sprachlichem Glanz, die jeden Zweifel entkräften, Wagner habe zur Sprache, zur literarischen Prosa *nur* ein wildwüchsiges und undelikates Verhältnis besessen. Man lese nur den Brief an den Berliner Kritiker Karl Gaillard vom 30. Januar 1844, worin er sich – einunddreißig Jahre alt und bis dahin nur der Autor des *Rienzi* und des *Holländer* – über seine Produktionsweise als Dichter-Komponist äußert. Da heißt es: ». . . zunächst kann mich kein Stoff anziehen als nur ein solcher, der sich mir nicht nur in seiner dichterischen, sondern auch in seiner musikalischen Bedeutung zugleich darstellt. Ehe ich dann darangehe, einen Vers zu machen, ja eine Szene zu entwerfen, bin ich bereits in dem musikalischen Dufte meiner Schöpfung berauscht, ich habe alle Töne, alle charakteristischen Motive im Kopfe, so daß, wenn dann die Verse fertig und die Szenen geordnet sind, für mich die eigentliche Oper ebenfalls schon fertig ist und die detaillierte musikalische Behandlung mehr eine ruhige und besonnene Nacharbeit ist, der der Moment des eigentlichen Produzierens bereits vorausgegangen ist.« – Genauer, hellsichtiger (denn die großen musikdramatischen Konzeptionen liegen noch vor ihm) und auch sprachlich prägnanter läßt sich das komplexe Zusammenwirken der dichterischen und musikalischen Begabung im Produktionsvorgang wohl kaum beschreiben.

Der Brief an Gaillard, eine der aufschlußreichsten Selbstdeutungen Wagners überhaupt, stammt aus früher Zeit, und es läßt sich nicht übersehen, daß die Briefe, je weiter man zeitlich zurückgeht und je vertrauter die Person ist, an die sie sich richten, an sprachlicher Frische und sinnlicher Anschaulichkeit gewinnen. Da sind, in den Jugendbriefen an Theodor Apel, die Reflexe der E.T.A. Hoffmann-Lektüre oder die des Jungen Deutschland, in denen sich eine bemerkenswerte Fähigkeit der Stiladaptation beweist. Über die Beziehung zu Minna Planer schreibt er an Apel – vier Wochen vor den ersten an sie gerichteten Leidenschaftsbriefen: »Ich genieße ihre Gunst völlig und fast ausschweifend und fühle mich dabei immer kräftiger und wohler; anstatt mich ihr Genuß sättigen und ermüden sollte, knüpft er mich nur immer noch fester und wärmer an sie. Was meinst Du? Wenn ich sie so recht absichtlich hintergangen haben werde, habe ich da nicht ein Meisterstück gemacht? Oder soll ich ein Philister werden? Ihr Leipziger werdet es entscheiden! Diese Liebe mit ihrem Anfang und Ende wird eine Novelle werden – ein moderner Zustand; – knüpfe das ganze Misere noch mit daran, nimm meinen ganzen Bildungsgang durch dasselbe mit dazu, so hast Du einen Roman.« – Das könnte auch bei Heinrich Laube stehen. – Und wie witzig charakterisiert er die Schwester Luise in einem Brief an die Halbschwester Cecilie Avenarius: »Sie hat bis jetzt seit Ende April in Raschwitz gesessen und in der herrlichen Natur, d. h. zwischen umgehauenen Baumstürzen geschwelgt: ihre höchst prosaische Umgebung macht ihren, oft wohl affektierten Enthusiasmus, nicht selten etwas lächerlich. Sie führte ihre Gesellschaft von einer Dreck-Pfütze zur andern und frug glühend nach allen Seiten hin: ›Ist es nicht göttlich hier?‹ Sie hörte *da* eine Nachtigall schlagen, wo *Bochmann* eine Krähe krächzen hörte, usw. In diesen kleinen Zügen, liebe Cecilie, charakterisiert sich ungefähr Luisens ganze – unglückliche Existenz. In Verhältnissen, die sie – und vielleicht uns recht – anekeln, sucht sie ihre geistesbegabtere Selbständigkeit mit einer Hartnäckigkeit aufrechtzuerhalten, die, so edel ihr Kampf ist, doch meistens zur Grimasse wird.« – So viel Witz und erzählerische Lebendigkeit, die auch die Alltagssphäre streift, findet man später fast nur noch in den Briefen an Minna – der Wagner während ihrer durch Reisen oder Kuren bedingten längeren Trennungen mit einer Regelmäßigkeit schreibt, die auch etwas über die Intensität ihrer Beziehung verrät –: wenn er ihr zum Beispiel aus London berichtet, daß Queen Victoria ihn, den in Deutschland steckbrieflich gesuchten Flüchtling, in ihrer Loge empfangen habe – und dann die feierliche Situation mit ironischem Witz unterläuft, für den sogar Peps und Knacker-chen, die Wagnerschen Haustiere, herhalten müssen.

Vielleicht konnte Wagner an Minna so unverkrampft nur schreiben, weil er sich ihr als *Künstler* kaum mitteilen konnte – Liszt gegenüber nennt er sie einmal eine »achtungswerte, aber

27

mir ganz unangehörige Frau«. Jedenfalls kann es nicht verwundern, daß er ihr am 5. September 1853 aus La Spezia – wohin er aufgebrochen ist, um *endlich* Italien zu sehen – wohl über Landschaft und Leute, seine schlechte Gesundheit und melancholische Stimmung, sogar seinen unruhigen Schlaf und dann auch den jähen Entschluß zum Abbruch der Reise berichtet – nicht aber über die wahren Gründe dieses Entschlusses (die man in *Mein Leben* nachlesen kann): im Halbschlaf war ihm das Orchestervorspiel zum *Rheingold* aufgegangen. Was ihn innerlich bewegte – und das war nicht Geld und Gut, nicht einmal Ruhm und Erfolg, sondern allein das *Werk* –, es wurde in den Briefen an Minna ausgeklammert (während die an Mathilde Wesendonck davon überfließen). Den Londoner Brief über die Begegnung mit Königin Viktoria schließt er mit Sätzen, die man auch als liebevolle Ironie verstehen kann: »Im Grunde genommen hat mich dieses Ereignis hauptsächlich Deinetwegen gefreut . . . bist Du für mich nach Ehre begierig, so ist mir diese diesmal in vollem Maße zuteil geworden, und jedenfalls bin ich heute sehr beneidet. Die Presse wird lange zu tun haben, bis sie diese mir gegebene Revanche verwürgt haben wird: die Wut der Rezensenten mag grenzenlos sein. Diesen ganzen Vorgang schenke ich Dir hiermit; mach damit, was Du willst . . .«

Doch soll hier nicht der Eindruck erweckt werden, Wagner sei als Briefschreiber ein Genie der Leichtigkeit gewesen: er war viel eher ein Genie der Anpassung. Die Entspanntheit, die sich in den Familienbriefen, in den Briefen an Minna zeigt, hatte er nicht immer – im Gegenteil, je »offizieller« ein Brief, je »höherstehend« der Adressat, desto umständlicher, feierlicher, auch verkrampfter war sein Stil – wie am besten die Briefe an Ludwig II. zeigen, in denen er sich zuweilen in eine schwülstige Tonhöhe emporschraubt, die komisch und peinlich zugleich wirkt. Daß Wagner sich in seiner Stellung zum bayerischen König unfrei und befangen fühlte, belegen die Tagebücher Cosimas – die sich gleichsam als ironischer Kommentar zum Briefwechsel mit dem König lesen lassen. Doch der sprachliche Schwulst der Briefe, exemplarisch nachlesbar im Karfreitagsbrief des Jahres 1865, war auch bewußt gewählte Attitüde, Resultat einer dämonischen Anpassungsfähigkeit, die Wagner mit traumwandlerischer Sicherheit die sprachliche Ebene finden ließ, auf der er mit seinen Briefpartnern verkehren konnte. Und so schreibt er hochtrabend-weihevoll an den König, witzig und belehrend an Minna, heiter scherzend an Mathilde Maier, entsagungsvoll-inbrünstig an Mathilde Wesendonck, verzweifelt-übermütig an Liszt. Jeder Briefwechsel hat, fast so wie jedes Wagnersche Werk, eine eigene, unverwechselbare Tonlage und Klangfarbe, die sich in manchen Fällen der bestimmter Werke annähert – bedingt entweder durch zeitliche Nachbarschaft oder durch Beziehungen, die in die inneren Komplexionen von Werken und Briefen führen. So verweisen die Briefe an Mathilde Wesendonck in die *Tristan*-Welt, die Briefe an Mathilde Maier in die der *Meistersinger*, die Briefe an Ludwig II. in die des *Parsifal*. Auch das gehört zu jeder sonderbaren Mimikry, mit der sich bei Wagner Werk und Wirklichkeit verbinden. Ist es ein Zufall, daß Baudelaire, der Dichter der *Fleurs du mal*, in Paris ausgerechnet dem *Tannhäuser* – mit seiner *musique du haschisch* und dem künstlichen Paradies des Venusberg-Bacchanals – begegnet? Er schreibt Wagner einen Brief – der am Anfang des *wagnérisme* in Frankreich steht –, einen Brief voller Bewunderung für eine Musik, in der er sich wiederzuerkennen glaubte, voller Scham über die gegen Wagner gerichteten Angriffe der Pariser Presse. Wagners Antwort ist ein glänzendes Beispiel für seine Fähigkeit, sich in eine neue Stimmungslage einzufühlen, sich auf einen neuen Geist einzustellen (man spürt dies sogar noch in der deutschen Übersetzung des im Original französisch geschriebenen Briefes): »... die jungen Leute, die gekommen sind, um mir zu huldigen und mich zu trösten, haben mir wieder Mut gemacht, und ich bin darüber sehr glücklich. Auch Sie gehören zu ihnen. Monsieur Auber zeigt sich sehr erstaunt. Ich nicht, denn die Jugend hat mich immer angezogen, und ich liebe alles, was jung ist, alles, was schön ist. Oh! ja, alles was schön ist. In dieser Hinsicht habe ich mit den jungen Leuten dieser Stadt die schönsten Erfahrungen gemacht. Ich liebe sie, weil ich Freundschaft für sie empfinde.

Und man kann nicht jemandes Freund sein, den man nicht liebt. Ah! die Liebe und die Freundschaft! – durch sie fühle ich mich entschädigt.«

Nicht über diesen, aber über einen anderen, ähnlichen Brief an Baudelaire (Wagners Reaktion auf Baudelaires Aufsatz *Richard Wagner und der ›Tannhäuser‹ in Paris*) hat Nietzsche bemerkt, so viel Dankbarkeit und Enthusiasmus habe Wagner nur noch einmal gezeigt: nach Empfang der *Geburt der Tragödie*. In der Tat, Wagners Briefe an Nietzsche vom Januar 1872, geschrieben unter dem unmittelbaren Lektüreeindruck von Nietzsches erstem Buch, sind Zeugnisse nicht allein der Dankbarkeit, sondern einer ganz vorbehaltlosen Bewunderung, wie sie Wagner gegenüber Zeitgenossen – und der Verfasser der *Geburt der Tragödie* war erst siebenundzwanzig Jahre alt – sonst nicht aufbrachte. »Schöneres als Ihr Buch habe ich noch nichts gelesen!« heißt es am 4. Januar, und dann sechs Tage später (Nietzsche hat eine Einladung nach Tribschen wegen Krankheit abgelehnt): »Nun veröffentlichen Sie eine Arbeit, welche ihresgleichen nicht hat. Jeder Einfluß, der etwa auf Sie ausgeübt worden wäre, ist durch den ganzen Charakter dieser Arbeit fast auf Nichts zurückgeführt: was Ihr Buch vor allen anderen auszeichnet, ist die vollendete Sicherheit, mit welcher sich eine tiefsinnigste Eigentümlichkeit darin kundgibt. Wie anders hätte sonst mir und meiner Frau der sehnlichste Wunsch erfüllt werden können, einmal von außen etwas auf uns zutreten zu sehen, das uns vollständig einnehmen möchte? Wir haben Ihr Buch – früh jedes für sich – abends gemeinsam – doppelt durchgelesen; wir bedauern, nicht bereits die uns verheißenen doppelten Exemplare zur Verfügung zu haben. Um das eine Exemplar streiten wir uns. Ich brauche es immer noch, um zwischen Frühstück und Arbeit mich in die rechte Stimmung zu bringen; denn seit der Lektüre komponiere ich wieder an meinem letzten Akte. Einsam, oder gemeinsam, ist unsre Lektüre stets von Exklamationen begleitet. Ich für meinen Teil begreife nicht, wie ich so etwas erleben durfte.« – Wie gesagt, dies ist ein Zeugnis der Bewunderung, der Begeisterung, wie es im gesamten riesigen Briefœuvre Wagners ohne Vergleich dasteht – doch ist es nicht nur das! Der Brief ist auch das Zeugnis einer fast unheimlichen Hellsichtigkeit, die die ganze Geschichte dieser schließlich zur Antipodenschaft führenden Beziehung – auf ihrem Höhepunkt – vorauszunehmen scheint. Schon wie Wagner, nach seiner Eloge, fortfährt – mit dem Satz: »Nun blickten wir auf Sie, und – es bangte uns!«, drückt mehr aus als Besorgnis über Nietzsches Gesundheitszustand. Denn da ist auch die Rede von »wunderlichsten Mutmaßungen«, »ernstlichen Befürchtungen für Ihren Seelen-Zustand«, »großer Beklemmung über die Peripetien Ihres inneren Gemütslebens« – In so undeutlichen, doch vielsagenden Formulierungen deutet sich an, was die späteren Briefe dann weitererzählen – etwa der Brief vom 21. September 1873, geschrieben nach der Lektüre der ersten »Unzeitgemäßen Betrachtung« und lange vor dem Zerwürfnis, wo es im Rückblick auf die *Geburt der Tragödie* heißt: »Was Sie betrifft, so wiederhole ich Ihnen den Einfall, den ich kürzlich einmal gegen die Meinigen äußerte; nämlich, daß ich die Zeit voraussehe, in welcher ich Ihr Buch gegen Sie zu verteidigen haben würde«; oder der an Franz Overbeck gerichtete Brief vom 24. März 1878, wo es über *Menschliches, Allzumenschliches* heißt: »Ich habe für ihn *Freundschaft* bewahrt, sein Buch – nachdem ich es beim Aufschneiden durchgeblättert – *nicht* zu lesen, und möchte weiter nichts wünschen und hoffen, als daß er mir dies dereinst noch danke.« So hochmütig-abweisend diese Sätze klingen, sie verraten doch auch, welche Bedeutung die Freundschaft mit Nietzsche für Wagner hatte: keine andere reicht an sie heran, nicht einmal die mit Franz Liszt.

Nietzsche, Schopenhauer, Feuerbach konnte Wagner bewundern und verehren, doch im Verhältnis zu den großen Musikern seiner Zeit blieben kritische Vorbehalte, die unüberwindlich waren: gegenüber Mendelssohn und Meyerbeer (davon wird noch zu sprechen sein), Schumann und Brahms, auch gegenüber Berlioz. Und Liszt, der unermüdliche Förderer, großzügige Geldgeber, musikalische Anreger, bis zur Selbstverleugnung tolerante Freund – den Wagner im Juni 1849 in einem Brief aus Paris fragt:

»Ist er zu liebevoll, und macht er es wie Jesus am Kreuze, der allen hilft, aber sich nicht?« –, auch Liszt bildete keine Ausnahme. Und wenn Wagner auch enthusiastisch seine h-Moll-Klaviersonate lobte, die Karl Klindworth ihm in London vorgespielt hatte, sich als Harmoniker von ihm beeinflussen ließ und dies gegenüber Bülow offen eingestand, wenn er Liszt in seinem großen Brief über die Konzeption der *Nibelungen* vom November 1851 in aufrichtiger Dankbarkeit den Schöpfer seiner »vielleicht nicht zukunftarmen Stellung« nannte – so blieb doch, auf der anderen Seite, viel, was ihn von Liszt trennte, diesem »modernen Weltkind«, wie es in einem Brief an Uhlig heißt. Eine Sternenfreundschaft war es nicht – und Wagner hatte wohl recht, wenn er am 18. April 1851 an Liszt schrieb: »Ohne uns so zu lieben, hätten wir uns nur furchtbar hassen können!« Einmal, zum Jahreswechsel 1858/59, kam es zwischen ihnen fast zum Bruch. Und natürlich ging es dabei um Geld.

Es ging immer um Geld. Es gibt kein Thema, das in Wagners Briefen so regelmäßig, so hartnäckig wiederkehrt wie dieses. Schon der Student der Leipziger Universität kann seine Spielschulden nicht bezahlen und versucht sich vor der Familie zu rechtfertigen; noch der ehrwürdige Kunstmagier des »Parsifal« bittet im Januar 1880 um eine Sonderzuwendung des bayerischen Königs, damit er die Miete der Villa d'Angri in Neapel bezahlen kann. Geld: das Motiv zieht sich durch alle Abschnitte des Lebens – ein wirkliches Leitmotiv durchaus im Wagnerschen Verständnis des Wortes: in einfacher Gestalt wird es vorgestellt, dann vielfältig abgewandelt, reich instrumentiert, durch alle Tonarten geführt, in immer neue Zusammenhänge gestellt bis hin zu seiner vollständigen Umdeutung. Sie reicht von der schieren Geldnot über luxuriöse Verschwendung zur hochmoralischen Verwerfung des Geldes. »Die Macht, die aber gegenwärtig das Leben beherrscht«, schreibt Wagner am 4. Dezember 1849 an Ferdinand Heine, »die all unser Sinnen, Trachten, Wollen, Sorgen und Streben einnimmt, die wir täglich und stündlich als die mächtigste, entscheidendste und alles durchdringendste fühlen und erkennen – diese Macht – überlege es Dir genau! – ist nichts anderes als: – *das Geld* – d. h. der abstrahierte und idealisierte *Eigennutz*.« – Der Verfasser dieser Sätze hat zwei Wochen zuvor an denselben Ferdinand Heine den raffiniertesten Bettelbrief seines Lebens geschrieben – auch auf diesem Feld ein Meister der enharmonischen Umdeutung.

Doch hier mußte er es nicht erst werden, er war es immer schon. Seinen ersten großen Bettelbrief schrieb Wagner, zweiundzwanzigjährig, an Theodor Apel: ein gefühlvoll inszeniertes Schuldbekenntnis, worin Tränenstürze und Freundschaftsbeteuerungen der eigentlichen Geldforderung vorausgeschickt werden. Fünf Jahre später – die Verbindung mit Apel ist seit langem unterbrochen, der Freund nach einem Unfall erblindet – bittet Wagner ihn aus Paris erneut um Hilfe. Aber diesmal wählt er den direkten Weg und beginnt mit den Worten: »– *ich bin im äußersten Unglück, und Du sollst mir helfen!*« – und danach erst folgt die tränenreiche Beschreibung seiner hoffnungslosen Lage. Der Brief an Ferdinand Heine, geschrieben im November 1849 nach sechs Monaten Exil, verzichtet auf solche Beschönigungen durch ein falsches oder übertriebenes Gefühl, er ist eine nüchterne, wenn auch nicht zweckfreie Analyse von Wagners Situation, zwingend in seiner Logik, meisterhaft in seiner Dramaturgie, und man muß ihn nacherzählen, um an diesem einzigartigen Beispiel zu demonstrieren, wie Wagner den Dresdner Freund auf Umwegen zu dem gewünschten Ziel hinführt. Dies Ziel, heißt es am Anfang des Briefes, »bin diesmal *ich* ganz allein«. Dann aber, in einem langen Ritardando, erzählt er die ganze Geschichte seiner Flucht von Dresden über Weimar nach Zürich, erwähnt auch seinen Abstecher nach Paris, wo er aber über seinen Irrtum, eine Oper in französischer Sprache zu schreiben, binnen acht Tagen aufgeklärt worden sei. Und es klingt verzweifelt ehrlich, wenn er schreibt: »Das jetzige Publikum der großen Pariser Oper und ein französisches Textbuch, dies zusammen ist genügend, um mich vollends als bloßen Musiker zugrunde zu richten. *Es geht nicht*« (diese Hervorhebung ist von ihm) »und wer dies nicht einsieht, an den habe ich keine weiteren Worte zu verschwenden.« Zurück in Zürich, fährt Wagner fort, habe er neuen Lebensmut gefaßt und die Hoffnung, in Ruhe komponieren zu können, doch Liszt habe ihn darauf aufmerksam gemacht, daß er als steckbrieflich gesuchter Revolutionär mit einer Unterstützung fürstlicher Mäzene nicht rechnen könne. Wieder einmal habe er von deutschen Fürsten zu großherzig gedacht, jetzt aber wisse er nicht mehr, wovon er leben solle, und das sei schrecklich vor allem im Hinblick auf seine Frau. »Hier laß uns anhalten zu der Frage: was habe ich denn eigentlich vor?« Mit dieser rhetorischen Floskel nimmt Wagner den Leser – in diesem Fall den Briefempfänger Heine – gleichsam bei der Hand, um ihn mit sokratischer Überzeugungskunst einen Schritt weiter zu führen: er wolle nur noch Künstler sein, habe fünf Opernstoffe im Kopf, doch um sie auszuführen, müsse ihm, der kein Handwerk verstehe, sein tägliches Brot gereicht werden. Auf die selbstgestellte Frage: »Wer soll dies tun?« gibt er selbst die Antwort: »Nur diejenigen, die mich lieben« – es seien nur wenige, doch hätten sie die Eigentümlichkeit, ihn »energisch« zu lieben. Leider könne er sich, mit Rücksicht auf seine Frau, nicht direkt an sie wenden und um Unterstützung bitten, er brauche einen Vermittler, einen Freund. Dann heißt es: »Diesen Jemand zu finden, darauf kam es an. Ich glaubte, den *einflußreichsten* meiner Freunde auswählen zu müssen, und freue mich, nun mit vollster Bestimmtheit darauf geraten zu sein, denjenigen zu wählen, von dem ich weiß, daß niemand mir mehr Gutes wünscht als er.« Und dann endlich folgt der Satz, auf den der Brief über so viele Seiten hinweg zuläuft und der den kunstvoll aufgebauten Spannungsbogen schließt – Wagner muß nur noch den zuletzt zitierten Satz von der dritten in die zweite Person Singular übersetzen: »*Dich* bitte ich nun, mein lieber Freund, Dich besonders der Sorge um mich und meine Kunst anzunehmen!«

Wagner, das »Pumpgenie«, wie Thomas Mann ihn genannt hat! Und leicht fällt es, sich vorzustellen, daß Ferdinand Heine über das Ansinnen, das da an ihn gestellt wurde, heftig erschrak. – Doch Wagner läßt es bei seiner Bitte nicht bewenden: er beschreibt Heine auch den Weg, auf dem er vorzugehen habe, nennt ihm die Namen der Freunde, an die er sich wenden solle (»Beiläufig erwähne ich Dir... eine Familie *Ritter*«), rät zur Gründung eines Komitees, zum Verfassen eines »diskreten Zirkulars«. Und zum Schluß muß er Heine auch noch klarmachen, daß er, Wagner, keinesfalls als der heimliche Inspirator dieser Idee in Erscheinung treten dürfe, und er tut dies mit den Worten: »Schon dem nächsten, dem Du Dich mitteilst, wirst Du gewiß das Unternehmen als von Dir ausgegangen eröffnen, und in Wahrheit glaube ich auch, daß nur die Schwatzhaftigkeit dieses Briefes Dir eine andere Rolle zuerteilt, denn ich weiß, daß ich Dir nur den ersten Teil – nämlich die genaue Darstellung meiner Lage – an Dich zu richten gehabt hätte, so würdest Du Dir den zweiten Teil aus Deinem teilnehmenden und fürsorgenden Herzen ganz von selbst allein haben schreiben können. Verzeihe mir deshalb!« – Ein toller Satz! Aber so wußte Wagner Briefe zu schreiben: so dreist in der Höflichkeit, so schamlos in der Diskretion, so dialektisch klug auf seinen Eigennutz bedacht! Und fast noch toller muß es erscheinen, daß er damit immer Erfolg hatte, nicht nur bei Heine, sondern früher schon bei Apel und später bei den vielen Geldgebern zwischen Wesendonck und König Ludwig. Entweder fand er Freunde, die seine Kunst energisch liebten, oder solche, die der magnetischen Kraft seiner Forderung nicht widerstanden – oder beides zusammen. Und dieses Magnetische bewährt sich auch in der tiefsten Krise seines Lebens, im Frühjahr 1864, als er, von Gläubigern verfolgt, eine immense, in wenigen Monaten aufgehäufte Schuldenlast auf dem Rücken, aus Wien flüchten muß. In Mariafeld bei Zürich findet er für wenige Wochen ein Asyl; von dort schreibt er an Peter Cornelius: »*Ein Licht* muß sich zeigen: *ein Mensch* muß mir erstehen, der *jetzt* energisch *hilft*...« – und drei Tage vorher heißt es in einem Brief an Mathilde Maier: »Die Nacht träumte ich (im Fieber), Friedrich der Große hätte mich zu Voltaire an seinen Hof berufen.« – Einen Monat später erreicht ihn die Berufung durch Ludwig II. nach München.

Doch kehren wir noch einmal in die erste Zeit des Zürcher

Exils zurück, als es Ferdinand Heine gelang, ein paar Geldgeber ausfindig zu machen, eben jene in Wagners Brief beiläufig erwähnte Familie Ritter, die ihm fast zehn Jahre lang eine Rente zahlte, und eine Familie Laussot aus Bordeaux, die Wagner im März 1850 voll Dankbarkeit aufsuchte – um sich dann sogleich in eine der heftigsten und leidenschaftlichsten Liebesaffairen seines Lebens zu verwickeln, an deren Ende eine Duellforderung und die polizeiliche Ausweisung standen. Die erhoffte finanzielle Hilfe war damit verspielt; Liszt, der Freund, der schon so oft geholfen hatte, sollte einspringen. Rührend bescheiden klingt, was Wagner ihm im April 1851 aus Zürich schreibt: »Hier und da wirst Du manchmal einen Groschen für mich zurücklegen, und wenn mir die Not über den Hals kommt, wirst Du mir gerade mit so viel aushelfen, als Dir gerade zu Gebote steht für einen armen Freund.« – Und Liszt, generös wie kein anderer, schickt Wagner Geld, verschafft ihm Aufträge, vermittelt Kontakte zu anderen Geldgebern, ja er informiert Wagner, von dessen Forderungen bedrängt, sogar peinlich genau über die eigenen, keineswegs üppigen Einkünfte – und muß am Ende doch erkennen, daß dieser Schlund sich nicht schließen will. Denn bald schon heißt es in einem Brief Wagners: »... was helfen mir Hunderte, wenn Tausende nötig sind.« Liszt kümmert sich auch um die Aufführung Wagnerscher Werke, nicht nur in Weimar, wo er den *Lohengrin* uraufführt, sondern auch in Leipzig, in Berlin – manchmal zum Leidwesen Wagners, der zu den künstlerischen Zugeständnissen, die man ihm abverlangt, nicht bereit ist. Aber auch das ist am Ende so ernst nicht gemeint. Im Januar 1854 schreibt er: »Höre, mein Franz! Du mußt jetzt helfen! Es steht schlecht – *sehr* schlecht mit mir. Soll ich die Fähigkeit wieder gewinnen, *auszuhalten* (ich verstehe *viel* unter diesem Worte!), so muß auf dem nun einmal jetzt betretenen Wege der Prostitution meiner Kunst etwas *Ordentliches* geschehen – sonst ist's aus.«

Da haben wir den kompromißlosen Künstler als schamlosen Bettler! – Wobei der eine nicht gegen den anderen ausgespielt werden sollte. Nichts wäre fataler, als über *diesen* Wagner die

Nase zu rümpfen. Interessant ist der Sozialcharakter, der sich in ihm ausprägt – und als solcher ist Wagner nicht die Ausnahme von der Regel, sondern – gerade in seiner Radikalität – exemplarisch für den Künstler in der bürgerlichen Gesellschaft – bis heute. Von ihr, deren Gegenbild er in seiner Kunst entwirft, fordert er in barer Münze zurück, was sie ihm durch die Herrschaft des Geldprinzips an Erfüllung verweigert. Wagner selber hat es deutlich ausgesprochen – etwa in jenem am Silvesterabend 1858 im »Übermutsparoxismus« geschriebenen, schroff fordernden Brief an Liszt, der fast zum Zerwürfnis zwischen den Freunden geführt hätte: »Mein Franz, wenn Du den zweiten Akt von Tristan sehen wirst, so wirst Du zugeben, daß ich viel Geld brauche. Ich bin ein großer Verschwender; aber wahrlich, es kommt etwas dabei heraus.« Oder, deutlicher noch, im Januar 1854: »Doch eigentlich nur mit wahrer Verzweiflung nehme ich immer wieder die Kunst auf: geschieht dies, und muß ich wieder der Wirklichkeit entsagen – muß ich mich wieder in die Wellen der künstlerischen Phantasie stürzen, um mich in einer eingebildeten Welt zu befriedigen, so muß wenigstens meiner Phantasie auch geholfen, meine Einbildungskraft muß unterstützt werden. Ich kann dann nicht wie ein Hund leben, ich kann mich nicht auf Stroh betten und mich in Fusel erquicken: meine stark gereizte, feine, ungeheuer begehrliche, aber ungemein zarte und zärtliche Sinnlichkeit muß irgendwie sich geschmeichelt fühlen, wenn meinem Geiste das blutig schwere Werk der Bildung einer unvorhandenen Welt gelingen soll.« – Niemals ist die Situation des bürgerlichen Künstlers mit ihrer Dialektik von Rebellen- und Parasitentum klarer, radikaler und aufrichtiger ausgedrückt worden als in diesen Sätzen. Aber Wagner, der reiche Bettler, der arme Verschwender, vermochte diese Dialektik nicht aufzulösen. Im selben Brief an Liszt stehen die aufschlußreichen Sätze: »Mein Lieber, zürne mir nicht! ich habe ein Recht an Dich wie an meinen *Schöpfer*! *Du bist* der Schöpfer desjenigen, der ich jetzt bin: ich lebe jetzt *durch Dich* – das ist keine Übertreibung. Sorge denn für Dein Geschöpf: ich rufe Dir das wie eine Pflicht zu, die Du hast. – Sieh, es handelt sich ja nur um *Geld*: das sollte doch möglich sein. Die *Liebe* laß' ich ja fahren – und die *Kunst*??« – Hier – im ersten Brief, den er nach der Vollendung des *Rheingold* schrieb – wird von Wagner Alberichs Entsagungsfluch auf die Liebe nachgesprochen, jener Fluch, mit dem im Vorspiel des Nibelungen-Rings, um schnöden Goldes willen, alles Unheil der Welt beginnt. Blitzartig erhellt das auch die gesellschaftliche Situation des Künstlers: nicht in Wotan, dem herrischen Gott, der die Entsagung lernt, nicht in Siegfried, dem furchtlosen Helden, schon gar nicht in Brünnhilde, diesem verklärten Bild der Liebe – in Alberich, dem Fürsten der Finsternis, hat er seinen dämonischen Doppelgänger, so wie später im Klingsor des *Parsifal*. Wagner forderte Geld und Luxus als Gegengabe für die Werke, die er schuf und durch die – nach seinem hochentwickelten kunstmoralischen Anspruch – eine verderbte, nur an Gewinn und Genuß interessierte Gesellschaft sich von sich selbst erlösen sollte. Wir wissen, daß er mit diesem Anspruch scheiterte, daß er schon gescheitert war, als das Festspielhaus stand und die ersten Festspiele eröffnet wurden – und wir wissen auch, bis zu welcher verschwenderischen Üppigkeit, bis zu welchem sinnlichen Raffinement und gründerzeitlichen Prunk er gegen Ende seines Lebens sein Luxusbedürfnis steigerte und verfeinerte. Man kann es nachlesen in den späten Briefen an Judith Gautier, die französische Freundin, der er – kurz nach Beginn der *Parsifal*-Komposition – schrieb: »Aber nochmals, seien Sie verschwenderisch, vor allem in der Quantität der Badeessenzen, etwa bei den Ambrasorten usw. Ich habe die Badewanne unterhalb meines Ateliers und habe es gern, wenn Düfte aufsteigen. Denken Sie im übrigen nicht schlecht von mir! Ich bin alt genug, um mich wieder mit Kindereien befassen zu dürfen! Ich habe die drei Jahre des *Parsifal* vor mir, und nichts darf mich dem süßen Frieden schöpferischer Einsiedelei entreißen.«

Wagner, das morbide Produktionsgenie, der Arbeitsethiker und Sinnenmensch, der luxusbedürftige Revolutionär und schwelgerisch-verzückte Kunstmoralist, der ewig belehrende, schwadronierende, suggestive Lobredner seiner selbst, Bohemien und Bürger, Rebell und Bettler – es gibt viele irritierende Widersprüche und beunruhigende Ambivalenzen in seiner Erscheinung, die es uns schwermachen, von ihr ein historisch beruhigtes, selber widerspruchsfreies Bild zu gewinnen – selbst heute, hundert Jahre nach seinem Tod. Völlig unauflösbar aber und traumatisch verfestigt ist, was sich mit Wagners Wirkungsgeschichte verknüpft, mit dem geschichtlichen Unheil, von dem sich sein Name nicht abtrennen läßt. Was er an Mathilde Wesendonck über Goethe schrieb: »Daß Göthe für die philisterhafte Akkomodation an die Welt hergerichtet werden konnte, beruht zwar schließlich auf dem Mißverständnisse des Dichters; daß es aber doch geschehen *konnte*, hält mich in wachsamer Bedenklichkeit gegen ihn . . .«, das gilt ja, in unendlich viel höherem Maße, für ihn selber, dessen »Akkomodation an die Welt« beim Philiströsen nicht stehenblieb – und von der sich nicht einmal sagen läßt, daß sie *nur* ein Mißverständnis war. Da ist vor allem die quälende Tatsache seines Antisemitismus, mit der man nicht schon dadurch fertig wird, daß man sie – wie andere »Schwächen« des großen Mannes – bruchlos dem ideologischen Potential der Zeit zurechnet.

Daß Wagner Antisemit war, steht außer Frage, und auch die Briefe bieten dazu ein erdrückendes Beweismaterial. Der Antisemitismus tritt darin sogar in einer besonders widerwärtigen und unverblümten Weise in Erscheinung. Dem König von Bayern, der ihm geschrieben hatte, daß die Menschen »trotz der konfessionellen Unterschiede im Grunde doch alle Brüder« seien, antwortet Wagner am 22. November 1881: ». . . das gewogene Urteil meines erhabenen Freundes über die Juden kann ich mir doch nur daraus erklären, daß diese Leute nie Seine königliche Sphäre streifen: sie bleiben dann ein Begriff, während sie für uns eine Erfahrung sind. Der ich mit mehreren dieser Leute freundlich mitleidvoll und teilnehmend verkehre, konnte dies doch nur auf die Erklärung hin ermöglichen, daß ich die jüdische Race für den geborenen Feind der reinen Menschheit und alles Edlen in ihr halte: daß namentlich wir Deutschen an ihnen zugrunde gehen werden, ist gewiß, und vielleicht bin ich der letzte Deutsche, der sich gegen den bereits alles beherrschenden Judaismus als künstlerischer Mensch aufrechtzuerhalten wußte.« – In diesem Satz sind fast alle Elemente des späteren, explodierenden Antisemitismus versammelt. Allenfalls kann verwundern, daß Wagner seine Haltung gegenüber dem andersdenkenden Gönner so deutlich offenbart. Denn wenn er es einmal für nötig hält, sich vorsichtiger zu äußern, dann geschieht dies nicht aus Skrupelhaftigkeit, sondern aus Opportunismus – etwa wenn er sich weigert, eine rabiate Petition des antisemitischen Agitators Bernhard Förster zu unterschreiben, oder wenn er den Juden Hermann Levi – weil er das Münchner Orchester braucht – als *Parsifal*-Dirigenten akzeptiert. Aber der (erzwungenen) Nachgiebigkeit ist der Wunsch nach Demütigung beigesellt: Wagner zeigt Levi die anonymen antisemitischen Briefe, die in Bayreuth eintreffen, und als Levi, verstört und ohne Abschied, abreist, schreibt er ihm: »Alle Ihre Empfindungen in Ehren, so machen Sie doch sich und uns nichts leicht! Gerade daß Sie so düster in sich blicken, ist es, was uns im Verkehr mit Ihnen etwa beklemmen könnte!« – Da haben wir die Konfiguration von Sadismus, Unterwerfungswillen und sentimentaler Versöhnlichkeit, von der Adorno mit Blick auf Wagner gesprochen hat. Sie zeigt sich auch in der trotzigen Entschlossenheit, mit der Wagner seinen Antisemitismus öffentlich vertritt, in der provozierenden Geste, mit der er – darüber berichtet ein Brief an Minna vom April 1855 – ausgerechnet in London, der Hochburg der Mendelssohn-Verehrung, dessen vierte Symphonie in Glacéhandschuhen dirigiert (die er dann für die *Euryanthe*-Ouvertüre auszieht), in den vielen einschlägigen Nebenbemerkungen gerade in den Briefen an Liszt (den Wagners Antisemitismus quälte) oder in dem Brief an Kietz, worin er dem Freund – »zum Schreck«, wie es heißt – die Neuauflage der Schrift über das *Judentum in der Musik* ankündigt: Es ist jene halbernste Haltung des Kinderschrecks, in der, wie in Wagners Humor überhaupt, Gelächter und Unheil beieinander wohnen.

Gewiß stand Wagner mit seiner Haltung nicht allein. Antisemitismus gab es in weiten Teilen des deutschen Bürgertums, und zwar bis in liberale und sozialistische Kreise hinein. Man findet ihn, nicht nur in Spurenelementen, bei Marx und Gustav Freytag, Fontane und Hans von Bülow, und nicht unerwähnt soll bleiben, daß Wagners antijüdisches Pamphlet erstmals in der von Robert Schumann begründeten *Neuen Zeitschrift für Musik* erschien. Aber Wagner gab seinem Antisemitismus eine spezifische Prägung, weil sich bei ihm – und auch das verweist auf den späteren Antisemitismus – die Rebellion gegen die im Judentum symbolisierte Geldherrschaft in eine Schicht des Idiosynkratischen einlagert, die ausschließlich affektbestimmt ist. Aufschlußreich dafür sind vor allem seine Briefe an Giacomo Meyerbeer aus der frühen Pariser Zeit. Wagner, ein junger, noch völlig unbekannter Komponist, bat darin um die Protektion des berühmten Komponisten der *Hugenotten*, und er tat dies mit einer so ersterbenden Unterwürfigkeit, einer solchen Begierde nach Selbsterniedrigung, daß man diese Dokumente auch heute noch mit peinlicher Betroffenheit liest. Am 3. Mai 1840 heißt es: »Ich bin auf dem Punkte, mich an jemand verkaufen zu müssen, um Hülfe im substantiellsten Sinne zu erhalten. Mein Kopf und mein Herz gehören aber schon nicht mehr mir – das ist Ihr Eigen, mein Meister; – mir bleiben höchstens nur noch meine Hände übrig – wollen Sie sie brauchen? – Ich sehe ein, ich muß Ihr Sklave mit Kopf und Leib werden, um Nahrung und Kraft zu der Arbeit zu erhalten, die ihnen einst von meinem Danke sagen soll. Ich werde ein treuer, redlicher Sklave sein – denn ich gestehe offen, daß ich Sklaven-Natur in mir habe; mir ist unendlich wohl, wenn ich mich unbedingt hingeben kann, rücksichtslos, mit blindem Vertrauen. Zu wissen, daß ich *nur* für Sie arbeite und strebe, macht mir Arbeit und Streben bei weitem lieber und wertvoller. Kaufen Sie mich darum, mein Herr, Sie machen keinen ganz unwerten Kauf!... Dieser Sommer, aus dem Sie vielleicht schon recht gesunde Einkünfte von mir ziehen könnten, wird mich zugrunde richten, denn ich habe nicht mehr, um das Ende des schönen Mais sehen zu können. Bringen Sie mich wieder in den schönen Winter hinein, vielleicht zahle

ich da schon Zinsen! Nüchtern heraus: – mir kann kein Wucherer mehr helfen, mir kann selbst ein gewöhnlicher braver Mann
nicht mehr helfen; denn der kann nicht erkennen, wie ich ihm
wiederzahlen soll; – dies kann also nur jemand, dessen klares
Auge und volles Herz ersieht und fühlt, daß ich einen guten
Baum abgeben kann, der, wenn ihm nicht der Regen fehlt, auch
Früchte tragen kann. Göthe ist tot – er war auch kein Musiker;
mir bleibt niemand als Sie.«

Das ist ganz offenbare Selbstverhöhnung! Sie spricht aus dem
Bild vom »Sklaven« und der »Sklaven-Natur«, aus der wider-
standslosen, fast wollüstigen Selbstpreisgabe des Bittstellers – der
denn auch an anderer Stelle des Briefes von der »Wollust« seiner
Dankbarkeit spricht –, auch aus dem Goethe-Vergleich, vor
allem aber aus einem Vokabular, das an die Stelle der eigentlich
gemeinten Gefühlsbegriffe lauter Geldbegriffe setzt: »verkaufen«, »Einkünfte«, »Zinsen«, »Wucherer«, »zahlen«. So wie
Mime im zweiten Akt des *Siegfried* unfreiwillig seine Mordab-
sicht preisgibt, so verrät Wagner unfreiwillig im sprachlichen
Reflex seines Unbewußten, wie schrankenlos eben jene Geld-
phantasien in ihm herrschen, die sein Vorurteil den Juden
zuschreibt. Zugleich aber wird die Devotion in ihrem wahren
Charakter erkennbar: als Wunsch nach Verhöhnung des anderen
– ein Wunsch, der – im Ressentiment zurückgestaut – im
machtlosen Bittsteller liegenbleibt. Wagner hat dieses Ressentiment nie überwunden, er verschloß es vielmehr im idiosynkratischen Affekt, der ihn unfähig machte, den gesellschaftlichen
Zusammenhang – und seine eigene Rolle in ihm – zu durch-
schauen. Auch daß Meyerbeer ihm großzügig geholfen hatte,
wurde später mehr und mehr verdrängt und schließlich verleugnet. In einem Brief an Eduard Hanslick vom 1. Januar 1847 heißt
es noch: »Was mich um eine Welt von Ihnen trennt, ist Ihre
Hochstellung Meyerbeers; ich sage dies mit vollster Unbefangenheit, denn Meyerbeer ist mir persönlich sehr befreundet, und
ich habe allen Grund, ihn als liebenswürdigen, teilnehmenden
Menschen zu schätzen.« Dagegen findet man in Wagners Brief
an Liszt vom 18. April 1851, worin er sich wegen seiner Schrift

über das *Judentum in der Musik* vor dem Freund zu rechtfertigen versucht, zwar noch eine trübe Erinnerungsspur der eigenen Schuld, aber Meyerbeers Hilfe erscheint nun als bloße Heuchelei: »Dieser ewig liebenswürdige, gefällige Mensch erinnert mich, da er sich noch den Anschein gab, mich zu protegieren, an die unklarste, fast möchte ich sagen lasterhafteste Periode meines Lebens; das war die Periode der Konnexionen und Hintertreppen, in der wir von den Protektoren zum Narren gehalten werden, denen wir innerlich durchaus unzugetan sind.« Hier wird die Scham über die eigene »Lasterhaftigkeit« zum Vorwurf gegen den, der ihr Zeuge wurde – und Meyerbeers Verwerfung wird nun mit dem gleichen Eifer vollzogen wie einst die Selbsterniedrigung: »... ich kann als Künstler vor mir und meinen Freunden nicht existieren, nicht denken und fühlen, ohne meinen vollkommenen Gegensatz in Meyerbeer zu empfinden und laut zu bekennen ... Es ist dies ein notwendiger Akt der vollen Geburt meines gereiften Wesens – und – so Gott will – gedenke ich manchem damit zu dienen, daß ich diesen Akt mit solchem Eifer vollziehe!«

Fatale Sätze. Sie legen die Frage nahe, ob Wagners Antisemitismus (der natürlich nicht nur auf das Verhältnis zu Meyerbeer zurückführbar ist) auch für das Werk Bedeutung gewonnen hat. Sucht man ihn darin in manifester Gestalt, wird man die Frage eher verneinen müssen. Doch gehört es zum Wesen der Idiosynkrasie, in die Latenz zurückzutreten und sich zu verpuppen, dann aber in dem, der von ihr erfaßt ist, allmählich anzuwachsen und schließlich, wie eine *idée fixe*, ganz von ihm Besitz zu ergreifen – verbunden vielleicht mit pseudorationalen Erklärungen, namentlich Verschwörungstheorien: an solchen fehlt es bei Wagner bekanntlich nicht. Auch seine Brandphantasien, sein suggestiver Überredungsgestus, seine herrschsüchtige Verführungskraft hängen mit diesem psychischen Komplex, dem Antisemitismus, zusammen. Er betrifft nicht nur einige der Schriften, sondern ist auch in die Konzeption der Werke eingegangen, von ihrem gnostisch geprägten Licht-Finsternis-Dualismus bis zu den »Negativfiguren« Alberich, Mime und Beckmesser, in denen man nicht zu Unrecht Judenkarikaturen gesehen hat. Aber: indem man dies alles als bedenkenswert einräumt, ja als plausibel und sogar wahrscheinlich konstatiert, muß man zugleich darauf hinweisen, daß der *Künstler* Wagner gegen den Ideologen ständig Einspruch erhebt. Es ist eine Binsenweisheit, daß der ideologische Gehalt von Kunstwerken nicht aus dem besteht, was der Autor in sie hineinlegen will oder was er, sich selbst interpretierend, aus ihnen herausliest. Man braucht nur ein Textbuch wie das des *Rings* zu lesen, um sogleich zu erkennen, daß der Dramatiker Wagner allen Figuren – gleichgültig, mit welchen er sympathisiert – ein Höchstmaß an dramatischer Gerechtigkeit zukommen läßt. Und wieviel mehr erst der Musiker! Auch er spricht aus allen seinen Figuren, und zwar mit einer unbändigen Ausdrucksenergie, mit einer einzigartigen, den jeweiligen Gegenstand sich gleichsam anverwandelnden Charakterisierungskunst, die man dämonisch nennen möchte – er spricht aus Wotan und Siegfried ebenso wie aus Mime und Alberich und sogar aus den Erscheinungen der Natur, aus Sturm und Gewitter, Feuersglut und Schwefeldunst, und vollends in den Szenen der Zwerge widerlegt jeder Akzent der Musik, jeder Klagelaut der Figuren die vorschnell gefaßte Verhöhnungsabsicht. Ja, die These ließe sich wagen, daß Wagner, der – selber ressentimentbestimmt – diese Verkörperungen des Ressentiments, des schwelenden Rachegelüsts, erfand, sich als Künstler gerade in ihnen, die ja auch Leidende und Zurückgewiesene sind, wiedererkannte.

Doch auch der *Ideologe* Wagner läßt sich nicht schlichtweg auf den Antisemiten reduzieren. Oder wären seine schroffe Antibürgerlichkeit, die sich in der langen Galerie vaterloser Figuren in seinem Werk ausgeprägt, oder sein schopenhauersches Erlösungsverlangen, das er der eigenen Triebnatur entgegensetzt, oder gar seine kunstreformerischen Bestrebungen: der Versuch einer Erneuerung der Oper, das Plädoyer für dramatische Wahrhaftigkeit, die Kritik des Sängerkultes, die ständig wache Empörung über die saturiert-philisterhafte Auffassung von der Kunst als einem bloßen Genußmittel – und diese Kritik am Kulinarischen ist, von Gluck bis Brecht, stets das Argument der fortschrittlichen Künstler gewesen –: wie? dies alles wäre *im Kern* idiosynkratisch, wäre lediglich (und das behaupten ja die radikalsten unter Wagners Kritikern) das Nebenresultat eines antisemitischen Vernichtungswillens? Nein, das ist *terrible simplification*, Rettung in eine Eindeutigkeit, die nicht mit Genauigkeit verwechselt werden darf.

Fast hat man, im Streit über den Ideologen Wagner, vergessen, was er auch und vielleicht vor allem war: nämlich ein Reformer, ein Erneuerer der Oper, dieser paradoxen, merkwürdig zusammengesetzten, »unmöglichen« Kunstform, und zwar der vielleicht konsequenteste, sicher aber folgenreichste der Operngeschichte. Dies war früher eine schlichte Schulbuchweisheit – die allerdings in den Schulbüchern mit oft skandalöser Tendenz als »Sieg« der deutschen Oper dargestellt wurde, als hätte es neben Wagner nicht auch Verdi, Berlioz, Mussorgski gegeben –, und wenn sie heute weitgehend aus dem Bewußtsein verdrängt ist, dann liegt das vor allem daran, daß Wagners Werke heute nicht mehr als Reformwerke empfunden werden: sie haben die frühere Ausnahmestellung verloren, sind ins Repertoire eingegangen, und gleichzeitig entwickelt sich das Musiktheater, die Oper als Institution, in eine Richtung, die – gemessen an den Intentionen Wagners – eher als Rückbildung verstanden werden muß. Das bedeutet aber auch, daß Wagner heute nicht mehr die gleiche unbeschränkte Autorität besitzt wie in den ersten Jahrzehnten nach seinem unerhörten Wirken. Zumindest in dieser Hinsicht ist er historisch geworden.

In den Briefen haben wir ihn nun wieder vor uns: den Reformer, ja Revolutionär der Oper – nicht eigentlich als Theoretiker dieser Kunstform, vielmehr in der Auseinandersetzung mit seiner Zeit. Vom Ende seiner Entwicklung, von Spätwerken wie *Götterdämmerung* und *Parsifal* her gesehen, fällt es schwer, sich überhaupt die Situation der Oper vorzustellen, die der frühe Wagner vorfand: die Welt der Marschner und Spohr, Bellini und Donizetti, Auber und Halévy. Der junge Kapellmeister in Magdeburg, Königsberg und Riga kannte ihre Werke sehr genau, wenn sie ihn auch überhaupt nicht befriedigten – die der deutschen Zeitgenossen noch weniger als die der Italiener und Franzosen. Bellini nennt er einen »wahren Herkules« im Vergleich mit Spohr; an der dramatischen Musik der Franzosen schätzt er immerhin die knappen Wendungen, den »kurzen Strich am rechten Ort«; in der deutschen Oper findet er dagegen nur »Nölerei« über einem gelehrten Unterbau – überall aber vermißt er »dramatische Wahrheit«. Wie selbstbewußt und scharfsinnig klingt, was der Einunddreißigjährige im Januar 1844 an Karl Gaillard schreibt: ». . . nie würde ich einen Stoff wählen, der von einem geschickten Theater-Dichter ebenso gut zu einem rezitierenden Drama benutzt werden könnte. Als Musiker kann ich aber Stoffe wählen, Situationen und Kontraste erfinden, die dem dramatischen Dichter für das Schauspiel stets fremd bleiben müssen. Hier dürfte aber auch der Punkt sein, wo Oper und Drama sich vollkommen scheidet und beide nebeneinander ruhig ihre Richtung verfolgen können.« – Die Sätze enthalten, wenn auch in abstrakter Form und erst als Problemstellung, eine ganze Opernästhetik.

Ungleich schärfer hat Wagner das Problem drei Jahre später formuliert, ausgerechnet in einem Brief an Eduard Hanslick, der zu seinen frühen Bewunderern zählte und später einer seiner schärfsten Kritiker wurde (und das Vorbild des Beckmesser). Der Brief an Hanslick, geschrieben am Neujahrstag des Jahres 1847 – Wagner arbeitete damals am dritten Akt des *Lohengrin* –, ist der Versuch einer Standortbestimmung, und imponierend sind schon die Sätze, mit denen Wagner beginnt: »Je mehr ich mit immer bestimmterem künstlerischem Bewußtsein produziere, je mehr verlangt es mich, einen *ganzen* Menschen zu machen; ich will Knochen, Blut und Fleisch geben, ich will den Menschen gehen, frei und wahrhaftig sich bewegen lassen . . .« – Gerade bei einem Publikum von »größter Naivetät«, fährt Wagner dann fort, könne man mit »edlen Absichten« die stärksten Wirkungen erreichen, dies habe er bei seinem *Tannhäuser* beobachtet; ob diese Wirkung aber dem Musiker oder dem Dichter zu verdanken sei, wolle er durchaus unentschieden lassen. Überhaupt existiere das Kunstwerk nur dadurch, daß es zur Erscheinung komme, das Drama also durch seine Aufführung auf der Bühne, und darum stelle er das Streben nach Bühnenwirksamkeit und werkgemäßer Realisierung den übrigen Teilen seiner Produktivität fast gleichberechtigt zur Seite. Dann geht er auf das Verhältnis von Text und Musik in der Oper ein und wirft, mit überaus vorsichtigen, ja skeptischen Formulierungen, die Frage auf, ob die Musik überhaupt imstande sei, der Aufgabe, die sie in einem wirklichen Drama erfüllen müsse, zu entsprechen, ob sie nicht vielmehr, zumal beim Ausdruck der dramatischen Leidenschaft, an eine natürliche Grenze stoße; eine solche Grenze glaube er bei allen seinen Vorgängern erkannt zu haben. Dann heißt es: »Daß wir . . . das höchste und wahrste der Oper – nicht für ihren rein musikalischen Teil, sondern als dramatisches Kunstwerk im ganzen – bei weitem noch nicht erreicht haben, muß unbezweifelt bleiben: und in diesem Sinne und von dem Standpunkt meiner von mir selbst weit eher bezweifelten als überschätzten Kräfte aus gelten mir meine jetzigen und nächsten Arbeiten nur als Versuche, ob die Oper möglich sei?«

Eine unschätzbare Bemerkung! In wenigen Zeilen umreißt Wagner hier das Problem, um das die gesamte Operngeschichte seit vierhundert Jahren kreist und über dessen Lösung er selber vier Jahre später ein vierhundert Seiten langes Buch schreibt. Und er umreißt es mit einer Radikalität der Fragestellung, die schon deswegen erstaunlich ist, weil wir es hier mit einem seit zwölf Jahren amtierenden Opernkapellmeister zu tun haben. In der Frage, *ob die Oper möglich sei*, wird ja stillschweigend vorausgesetzt, daß es unter den unendlich vielen Opern des Repertoires keine einzige gibt, die als wirklich gültige Lösung des Opernproblems angesehen werden kann: die Werke von Gluck, Mozart und Weber werden in diese Bewertung ausdrücklich miteinbezogen, Wagners eigene Werke nur als »Versuche« bezeichnet. Es fällt nicht schwer, sich die Irritation des Briefempfängers Hanslick bei der Lektüre dieser Zeilen vorzustellen. Aber damit nicht genug! Aus Wagners Frage klingt ja auch der Zweifel heraus, ob es eine gültige Lösung überhaupt geben könne. Und verwundert fragt man sich, worauf Wagner eigentlich hinaus will. Aber auch das hat er in der zitierten Bemerkung schon angedeutet: er will die Oper »als dramatisches Kunstwerk im ganzen«, zur vollen Höhe nicht nur ihrer musikalischen, sondern auch ihrer dramatischen Möglichkeiten entwickelt, und beides so ins Gleichgewicht gebracht, daß sich die Frage nach dem Primat von Dichtung oder Musik, von Wort oder Ton, von selbst erübrigt.

Kein Zweifel: als Theoretiker stellte sich Wagner damit auf die Seite Glucks, der schon siebzig Jahre zuvor die Musik zum »dienenden Mittel« des dramatischen Ausdrucks machen wollte, und weit ist er von der Auffassung Mozarts entfernt, der in einem Brief an seinen Vater schrieb, in der Oper müsse die Poesie die »gehorsame Tochter« der Musik sein. Doch so sehr Wagner mit Glucks Theorie übereinstimmt, so wenig befriedigt ihn die praktische Antwort, die Gluck mit seinen Werken gegeben hat. Hier schlägt sich Wagner eher auf die Seite Mozarts: im Brief an Hanslick verweist er ausdrücklich auf die Donna Anna in Mozarts *Don Giovanni*, die freilich als »einzelner Moment« im Ausdruck der Leidenschaft die Möglichkeiten der Musik bei weitem nicht ausschöpfe. Auf Gluck und Mozart geht Wagner auch in einem späteren Brief an Eduard Devrient vom September 1852 ein. Da heißt es: ». . . gestehe ich Ihnen, daß mich Gluck nie erquickt, sondern stets gepeinigt hat. Ich kann mir auch jetzt erklären, wie es kam, daß ein unendlich trivialisierter Racine – als Dichter – einem Musiker nicht aufhelfen konnte, dessen Geist zwar willig, dessen Fleisch aber schwach genug war, ihn nie einen Formalismus von hinderlichster Trockenheit besiegen zu lassen – einen Formalismus, den der frivole Dichter des Don Juan einem Mozart so prächtig überwinden half.« – Fast scheint es, als habe Wagner seine frühere Auffassung von der Oper als Drama revidiert. Doch dieser Eindruck trügt, denn in Wirklichkeit will er beides: sowohl Glucks dramatische Intention wie auch Mozarts musikalische Flexibilität, seine Kunst der Übergänge auf kleinstem Raum, beides miteinander verbunden und verschmolzen, der einzelne leidenschaftliche Moment ausgedehnt zum musikdramatischen Dauerzustand.

Damit befinden wir uns im ästhetischen Zentrum der Wagnerschen Opernreform, die freilich, genau betrachtet, eine Revolution dieser Form darstellt, einen Bruch mit der Ästhetik der alten Oper, die von der Eigengesetzlichkeit mehr oder weniger strenger musikalischer Formen bestimmt ist, vor allem von der Trennung zwischen Rezitativ und Arie. An ihre Stelle tritt ein qualitativ Neues, das mit Begriffen wie Gesamtkunstwerk, unendliche Melodie und so weiter allerdings nur unzureichend beschrieben werden kann (Wagner sah in diesen Begriffen nichts als Mißverständnisse und beklagte sich in einem Brief an Liszt darüber, »daß als Frucht von all meinen Darstellungen endlich diese unglückliche ›Sonderkunst‹ und ›Gesamtkunst‹ herausgekommen« ist). Aber nicht an diesen Begriffen – obwohl sie geeignete Angriffsflächen boten –, sondern an der Sache selbst entzündete sich die innerästhetische Wagner-Kritik, die schon bei Berlioz begann und über Debussy bis zu Strawinsky und zum Neoklassizismus reichte. Ihr berühmtester Vertreter ist Nietzsche, der in seiner späten Streitschrift über den »Fall Wagner« schrieb: »Wagner war *nicht* Musiker. Dies bewies er damit, daß er alle Gesetzlichkeit und, bestimmter geredet, allen Stil in der Musik preisgab, um aus ihr zu machen, was er nötig hatte, eine Theater-Rhetorik, ein Mittel des Ausdrucks, der Gebärden-Verstärkung, der Suggestion, des Psychologisch-Pittoresken.« Das ist der typische Einspruch des Klassizisten, der die Musik als autonome Kunst gegen das zu verteidigen versucht, was Wagner ihr abverlangt. Einen Reflex dieser Haltung findet man sogar noch bei dem Wagner-Bewunderer Thomas Mann, der den Komponisten des *Rings* einen »ins Geniehafte getriebenen Dilettanten« nannte, weil bei ihm die Musik nicht als Selbstzweck, sondern »aus Not, zum Zweck des überwältigenden Ganzen« betrieben werde.

In seinem schon erwähnten Brief an Eduard Devrient vom September 1852, erstaunlich früh, hat sich Wagner mit diesen Einwänden auseinandergesetzt. Auch Devrient, ein ungemein kenntnisreicher Schriftsteller, Regisseur und Theaterleiter, war von Wagners Opernästhetik offenbar tief irritiert und brachte dies in einem Brief an Wagner zum Ausdruck. Wagner antwortete: »Wie kommen Sie dazu, bester Freund, zu glauben, Sie müßten die *Musik* gegen *mich* verteidigen? ... kann ich – aufrichtig gesagt – nicht begreifen, wie Sie nicht vor allem in mir den *Musiker*, und ich hoffe: den Musiker im *weitesten* Sinne, erkannten. Freilich auf Ihre Ableitung oder Begründung der Musik auf ›Sphärenklänge‹, auf ›Ächzen und Seufzen der Seele‹ kann ich nicht eingehen, weil mir diese Ableitung durchaus unverständlich geblieben ist und ich mit dem besten Willen sie nur für den überschwenglichen Irrtum des Laien halten kann, der das Ende eines Dinges für dessen Anfang setzt, wie der Logiker und Metaphysiker den Gedanken vor der natürlichen Wirklichkeit, den Geist vor dem himmlischen Sein setzt, und somit die Logik an die Stelle der Genetik setzt.« – Das ist wieder eine höchst aufschlußreiche Bemerkung, und man kann sich nur darüber wundern, daß der Brief, der sie enthält, erst 1979 veröffentlicht worden ist (weitere Briefe an Devrient liegen in den Archiven, man möchte mehr davon lesen!). Wagner wendet sich hier, in philosophischer Argumentation, gegen den Idealismus mit seinem Primat des Geistes. Auf die Musik übertragen bedeutet dies aber nichts anderes als die entschiedene Absage an jede vorgegebene Form, jedes vorgeordnete musikalische Schema, sei es der Sonatensatz, seien es die überlieferten Formtypen der Oper. In seinen frühen Werken bis zum *Tannhäuser* hatte sich Wagner ihnen noch mehr oder weniger stark unterworfen; mit dem »Lohengrin« beginnt jener Prozeß, den man als Dynamisierung, um nicht zu sagen »Verflüssigung« der Opernform bezeichnen könnte und der im *Tristan* seinen ersten Höhepunkt erreicht – ein Prozeß, der keineswegs, wie ein hartnäckiges antiwagnerisches Vorurteil will, auf Formlosigkeit hinausläuft: Wagner weigert sich nur, und zwar, wie sein Brief an Devrient zeigt, mit klarem Bewußtsein, sich einem klassischen Kanon zu unterwerfen, den er als Fessel empfindet.

Form, wenn sie überhaupt definiert werden kann, ist bei Wagner von nun an der unablässige Wechsel konkreter Gestalten, die nach den Notwendigkeiten des dramatischen Handlungsverlaufs stets aufs neue erzeugt werden müssen, und man begreift vor diesem Hintergrund, warum der späte Beethoven, nicht nur die neunte Symphonie, sondern auch die letzten Klaviersonaten und Streichquartette, für Wagner immer größere Bedeutung gewann. Man begreift auch die Sätze, die Wagner am 8. Mai 1859 an Liszt schrieb und die gelegentlich als Ausdruck eines musikalischen Minderwertigkeitskomplexes interpretiert worden sind – da heißt es: »Wie jämmerlich ich mich als Musiker fühle, kann ich Dir gar nicht stark genug versichern; aus Herzensgrunde halte ich mich für einen absoluten Stümper. Du solltest mich jetzt nur manchmal so dasitzen sehen, wenn ich so denke, ›es muß doch gehen‹ – und dann ans Klavier gerate und einigen miserablen Dreck zusammengreife, um dann blödsinnig es aufzugeben. Wie mir da zumut ist –! Welch innige Überzeugung von meiner eigentlichen musikalischen Lumpenhaftigkeit!« Dies ist – mitten im dritten Akt des *Tristan*, wo er eine neue Polyphonie ausbrütet – nicht die Verzweiflung des Dilettanten, des musikalisch Zukurzgekommenen, dem vorübergehend sein »Schauspieler-Genie« (Nietzsche) nicht beisteht – es ist die Verzweiflung eines Komponisten, der ohne Rückendeckung durch tradierte Formen, durch das *métier* (im alten Sinne des Wortes) in musikalisches Niemandsland aufgebrochen ist, um dort, in Exaltation und Verzweiflung, zu lernen, was für ihn später gleichbedeutend wird mit der Kunst des Komponierens: die Kunst des Übergangs. An Mathilde Wesendonck schreibt Wagner zwei Monate nach Vollendung des *Tristan*: »Meine feinste und tiefste Kunst möchte ich jetzt die Kunst des Überganges nennen, denn mein ganzes Kunstgewebe besteht aus solchen Übergängen ... Das ist denn nun auch das Geheimnis meiner musikalischen Form, von der ich kühn behaupte, daß sie in solcher Übereinstimmung und jedes Detail umfassenden klaren Ausdehnung noch nie auch nur geahnt worden ist.«

Freilich, der Kunst des Übergangs verdankt sich auch die überwältigende Suggestivkraft von Wagners Musik, von der er selber schrieb, daß sie »mit ihren feinen, feinen, geheimnisvoll-flüssigen Säften durch die subtilsten Poren der Empfindung bis auf das Mark des Lebens eindringt, um dort alles zu überwältigen, was irgend wie Klugheit und selbstbesorgte Erhaltungskraft sich ausnimmt, alles hinwegschwemmt, was zum Wahn der Persönlichkeit gehört, und nur den wunderbar erhabenen Seufzer des Ohnmachtsbekenntnisses übrig läßt.« Höchste Meisterschaft und subtile Unterwerfung: die Ambivalenz bleibt – bis ins innerste Zentrum dieser Kunst. Divinatorisch ist der Satz, den Wagner am 10. April 1860 in einem Brief an Mathilde Wesendonck schrieb: »Man wird eben allmächtig, wenn man mit der Welt nur noch spielt.« – Es ist die Allmacht des Genies und der Katze mit der Maus.

»Mehr als befreundet – weniger als Freund«

Richard Wagner und Franz Liszt

Da sei nichts von Goethe-Steinschem Verhältnis gewesen, hat Richard Wagner, den Tagebüchern seiner Frau Cosima zufolge, einmal über sein Verhältnis zu der Tochter Franz Liszts gesagt: »Das war alles blutig.« Eine Bemerkung, die sonderbar kontrastiert zu dem Bild Richard und Cosima Wagners in Bayreuth, wie es sich der Nachwelt einprägte: dem Bild des Hohen Paares, bestimmt von Ordnung, Tradition und Legitimität. Dieses Bild zu entwerfen, auszumalen, im Bewußtsein der Nachwelt zu verankern und alle blutigen Spuren daraus zu tilgen, ist das eigentliche Lebenswerk Cosima Wagners gewesen, eine Aufgabe, der die »Herrin von Bayreuth« alles andere unterordnete, nicht erst seit Wagners Tod, sondern schon seit ihrer Vermählung mit Wagner im August 1870 in Luzern und der Umsiedlung in die spätere Festspielstadt. »Dienen – Dienen«: diese Kundry-Worte aus dem *Parsifal* könnte Cosima sich als Devise für ihr zweites Leben gewählt haben. Denn ihr erstes Leben, jene drei Jahrzehnte, die der Verbindung mit Wagner vorausgingen, war von Unruhe und Unordnung, Skandal und Illegitimität bestimmt gewesen, vor allem in der Zeit, als die Tochter Franz Liszts, selber das »illegitime« Kind einer freien Liebesbeziehung und nun die Ehefrau des jungen, genialischen Dirigenten und Pianisten Hans von Bülow, ihrerseits die illegitime Liebesbeziehung zu Richard Wagner aufnahm. Im November 1863 besiegelten beide »unter Tränen und Schluchzen« das Bekenntnis, »uns einzig gegenseitig anzugehören«, wie es in Wagners Autobiographie *Mein Leben* heißt, und der illegitime Charakter dieser Liebesszene wird dadurch unterstrichen, daß sie sich während einer Kutschenfahrt durch Berlin abspielt – sie wirkt wie unmittelbar der zeitgenössischen Literatur entnommen, einem Roman Flauberts etwa oder einer Novelle Mérimées.

Was folgte, ist bekannt und oft beschrieben worden: die Geschichte von Tristan und Isolde, versetzt ins Milieu des bürgerlichen Heldenlebens und natürlich mit *Happy end.* Eine Geschichte, in der Bülow die Rolle des geschädigten Dritten, des alten Königs Marke, zufällt; zugleich aber die des selbstlos für Wagner eintretenden Dirigenten, der dessen große romantische Oper *Tristan und Isolde* am 10. Juni 1865 in München zum triumphalen Uraufführungserfolg führt. Zwei Monate zuvor, am 10. April 1865, leitet Bülow die erste Orchesterprobe; an demselben Tag wird seine und Cosimas dritte Tochter geboren – in Wahrheit ein Kind Richard Wagners, das allerdings als solches vom »offiziellen«, in Legitimitätskategorien verharrenden Bayreuth später niemals anerkannt werden wird. – München erlebt in diesen sechziger Jahren ein skandalöses Spektakel ohnegleichen, teils tragikomische Posse, teils große Staatsaktion. Denn auch der junge König Ludwig, Wagners enthusiastischer Förderer, ist unfreiwillig mit von der Partie: von seinem Günstling schamlos betrogen und zuletzt mit den ihm abgenötigten Ehrenerklärungen für Richard Wagner und Cosima von Bülow sogar öffentlich bloßgestellt. In deren Beziehung war in der Tat alles verwickelt, verworren, unordentlich, »blutig«.

Das Tribschener Idyll, wie es in den Jahren danach der junge Nietzsche erlebte, oder das Bild heiterer Altersharmonie in der späten Bayreuther Zeit: sie haben, wie es kaum anders sein kann, auch trügerische Züge. Denn das auf Verrat und Betrug errichtete Glück war mit mancherlei Demütigungen und nachwirkenden Schmerzen verbunden: sie sind vor allem Cosima Wagner nicht erspart geblieben. Ihre hundert Jahre später veröffentlichten Tagebücher geben davon beredt Zeugnis. Aus ihnen spricht eine Leidenschaft, ja, zuweilen eine Leidenssüchtigkeit, die – bei allem Stolz und Selbstbewußtsein der Liszt-Tochter – nicht die schon früh, in der Kindheit und Jugend erlittenen Kränkungen zu verbergen weiß. Vor allem aber scheinen sich hier die Münchner Wirrungen zu einem fast traumatischen Schuldbewußtsein verfestigt zu haben. Der geschädigte Dritte blieb im Verhältnis des »Hohen Paares« bis zuletzt gegenwärtig, nicht nur in der Person Bülows, sondern, stärker noch und stellvertretend, in der Gestalt des Vaters und Schwiegervaters Franz Liszt. Liszt hatte sich in dem familiären Konflikt auf Bülows Seite geschlagen, die Beziehung zu Cosima abgebrochen, Richard Wagner zwar nicht seine Bewunderung als Künstler, aber die persönliche Freundschaft entzogen, sie zumindest ruhen lassen. Und auch die zögernde Wiederannäherung, die mit dem Jahr 1872 und der Grundsteinlegung des Festspielhauses begann, konnte nichts daran ändern, daß Liszt weiterhin, sogar ohne Absicht und eigenes Dazutun, im Seelenleben des Bayreuther Paares jene Instanz verkörperte, die an alte Schuld gemahnte. Wer dies mit den Kategorien Sigmund Freuds ausdrücken wollte, müßte Liszt das väterliche Über-Ich nennen, dessen Macht und Autorität die Auflösung eines traumatisch gewordenen Komplexes verhinderte – und zwar nicht nur auf Cosimas Seite, sondern auch und in vielleicht noch höherem Maße bei Wagner.

Wagner war empfänglich und »begabt« für solche Komplexe, Traumata, Idiosynkrasien, für psychische Verknotungen aller Art. Die tieflotende Seelenkenntnis und mächtig einnehmende Seelenkunst, die sein Werk oft so betörend machen und die in so vielem Freuds Entdeckungen vorwegzunehmen scheinen, verdanken sich ja nicht zuletzt seiner, auch unter Künstlern fast einzigartigen Fähigkeit, die Kunst- und Phantasieproduktion für die Bereiche des Traums und des Unbewußten zu öffnen – bis sie dann im Werk zuweilen übermächtig werden, den Künstler nahezu willenlos der Gewalt seines »untermenschlichen Meeres«, wie Ernst Bloch es genannt hat, preisgeben. Aber auch die *Person* Richard Wagner, wenn sie denn überhaupt in diesem Zusammenhang vom Künstler zu trennen ist, erfuhr die Überwältigung durch das Unbewußte. Bekanntlich träumte Wagner viel und »bedeutungsvoll«: zahlreiche seiner Träume hat Cosima in ihren Tagebüchern notiert, und es ist aufschlußreich zu beobachten, daß die Träume, sobald sie mit Liszt und seiner Tochter zu tun haben, sich fast immer in Alpträume verwandeln. Am 12. November 1878 heißt es: »R. hatte eine gute Nacht, aber einen traurigen Traum. Ich lief mit meinem Vater davon, so rasch, daß er mich nicht einholen konnte. . .« Das Motiv kehrt in den täglichen Notizen Cosimas oft wieder, beharrlich wie ein

Wagnersches Leitmotiv – und immer als Variation desselben Musters: der Freund und Schwiegervater entführt die Frau und die Tochter, womöglich gar mit deren Einverständnis. – In der Notiz vom 21. Oktober 1876 verdichtet sich das Alptraummotiv zu einem regelrechten Hexensabbat à la Berlioz: »Stürmische Nacht, Hagel, Donner und weiß Gott was alles. R. träumt von meiner Hinrichtung, ich hätte mit meinem Vater abgemacht, daß, um meine Verheiratung mit R. zu büßen, ich mich hinrichten lassen müsse, nur Lulu sollte mich begleiten; er hatte anfangs nicht daran geglaubt, wie er mich aber auf einer Bahre habe tragen sehen, weil ich nicht gehen konnte, habe er laut geschrien und sei von seinem Schrei aufgewacht. Vorher hatte er geträumt, daß Siegfried aufgeführt würde und daß etwas Unrichtiges auf der Bühne, ›Brandt, die Beleuchtung geht ein‹, mit diesen Worten sei er aufgewacht!«

Wagners Traum, geträumt im Hotel *Vittoria* in Sorrent, am Vorabend von Liszts Geburtstag und kurz nach den ersten Festspielen in Bayreuth, zu denen Liszt erschienen war, ist deswegen erhellend, weil ganz unterschiedliche Ängste darin verbunden erscheinen und sich gleichsam potenzieren. Da ist zunächst die Angst um die Zukunft der Festspiele, die finanziell zu einem schrecklichen Fiasko geführt hatten (weswegen Wagner in eben diesen Oktobertagen vor und nach seinem Traum einen langen Brief an den König von Bayern schreibt); da ist ferner die schon erwähnte Angst vor dem Verlust der Frau, die sich in Wagners Traum dem Willen ihres Vaters bis zur Hinrichtungsbereitschaft unterwirft; und da ist schließlich die Angst vor Liszt, der die Hinrichtung als Buße anordnet und Cosima nur die Begleitung durch die Tochter Daniela (Lulu), das erste Kind aus ihrer Ehe mit Bülow, gestattet. *Diese* Angst vor allem erscheint erklärungsbedürftig, zumal Liszts Erscheinung in Wagners Traum so gar nicht mit dem Bild des franziskanischen Wohltäters zusammenstimmt, das uns vom alten Liszt überliefert ist und in dem er sich auch selber gern darstellte. Täuschte dieses Bild? Sah Wagner den vertrauten Freund lange zurückliegender Tage womöglich genauer, kritisch-schärfer? Sah er ihn hinter lauter

Demutsgesten auch zur Bosheit fähig, vielleicht sogar als »Mephisto in der Soutane« – wie Liszt ja gelegentlich genannt worden ist – und damit in der letzten und täuschendsten seiner vielen Verkleidungen? Aber für eine solche Vermutung gibt es wenig Anhaltspunkte, denn immer hat Wagner Liszt als vornehmen und großherzigen Menschen auch öffentlich gerühmt. Und so liegt es näher, diesen Traum als Ausdruck eines heimlichen, vielleicht sogar unbewußten Schuldgefühls zu verstehen.

Doch Schuld weswegen? oder wofür? Gewiß stand Wagner ganz unmittelbar in Liszts Schuld: Er verdankte ihm unendlich viel an Förderung und Fürsprache, freundschaftlicher Ermutigung und hingebungsvoller Geduld, an materieller Unterstützung und unermüdlichem Einsatz für sein Werk. Verdankte ihm vielleicht sogar die Rettung der künstlerischen Existenz während der langen Jahre des Exils. Aber das wußte schon damals die Welt und weiß heute die Musikgeschichte. Und Wagner wußte es auch! Er hat daraus nie einen Hehl gemacht. – Er verdankte Liszt indirekt auch dessen Tochter Cosima, die seine Frau wurde – und die er im Brief vom 18. Mai 1872, dem ersten, den er nach elf Jahren des Schweigens an Liszt richtete, als »Dein wiedergeborenes innigstes Wesen« bezeichnete. Dankbarkeit ist auch bezeugt durch andere Briefe ihrer großen Korrespondenz, etwa den vielzitierten Brief über die Konzeption des Nibelungen-Rings vom November 1851 aus Albisbrunn, wo er Liszt den Schöpfer seiner »vielleicht nicht zukunftsarmen Stellung« nennt; und vielleicht am schönsten durch den Brief vom 9. Mai 1853 aus Zürich, wo es heißt: »Wo hat je ein Künstler, ein Freund – für den anderen das getan, was Du für mich tatest!! Wahrlich, wenn ich an der ganzen Welt verzweifeln möchte, hält mich ein einziger Blick auf Dich wieder hoch, hoch empor, erfüllt mich mit Glauben und Hoffnung. Ich begreife nicht, was ich seit 4 Jahren ohne Dich geworden wäre: und was hast Du aus mir gemacht! Es ist hinreißend schön, Dir in diesem Zeiträume von mir aus zuzusehen!!« – Das sind gewiß nicht bloß freundschaftliche Phrasen. Denn noch ein Vierteljahrhundert später, als der Nibelungen-Ring endlich vollendet ist und in Bayreuth zum

erstenmal aufgeführt wird, wendet Wagner sich bei der Schluß-
feier der Festspiele in einer kurzen Ansprache an die Gäste,
indem er auf Liszt weist: »Hier ist derjenige, welcher mir zuerst
diesen Glauben entgegengetragen, als noch keiner etwas von mir
wußte, und ohne den Sie heute vielleicht keinen Ton von mir
gehört haben würden!« –

Kein Zweifel, daß Wagner dies ernst meinte. Hier war wirklich
eine »Schuld«! Aber – sie drückte ihn nicht. Jedenfalls nicht so
wie die andere »Schuld«: daß er seinen Freund Bülow um die
Frau, seinen Freund Liszt um die Tochter gebracht hatte, daß er
also, um ein Wort Liszts gegenüber Cosima zu verwenden, einen
»moralischen Mord« verübt hatte. Nun war Wagner in moralischen Dingen bekanntlich wenig skrupulös. Er hatte dies früher
zur Genüge bewiesen, etwa gegenüber dem Weinhändler Laussot
in Bordeaux oder dem Kaufmann Wesendonck in Zürich oder
auch gegenüber dem bayerischen König; in allen diesen Beziehungen ging es um Geld oder um Liebe: Wagner nahm bereitwil-
lig das Geld dieser Männer oder er stahl ihnen das Herz ihrer
Frauen, oder beides zugleich. Schuldgefühle deswegen schienen
ihn nicht zu plagen; eher sah er sich selber in der Rolle des
Opfers oder des Entsagenden. Die Unaufrichtigkeit seines Ver-
hältnisses zu Ludwig II. bewältigte er mit souveräner Ironie –
auch das läßt sich in Cosima Wagners Tagebüchern nachlesen.
Nur mit Liszt war es anders! – zumal dessen unbestreitbarer
Größe als Künstler mit Ironie nicht beizukommen war. In
Wagners Verhältnis zu ihm gab es auch, trotz oder neben aller
Freundschaft, das Gefühl heimlicher Rivalität, früh angelegt im
Gegensatz der Charaktere, im Alter allmählich wachsend durch
persönliche Entfremdung, vor allem aber das Bewußtsein der
jeweils eigenen historischen Rolle. Dies rührt an den schwierig-
sten, heikelsten, letztlich kaum aufklärbaren Punkt im Verhältnis
der beiden Männer – die sich in den spärlichen Briefen und
Depeschen ihrer letzten Jahre mit »Allerunglaublichster«
(Wagner an Liszt) oder »Großer Unglublicher« (Liszt an
Wagner) anreden, als müßten nicht gerade die Hyperbeln der
Bewunderung Distanz bis zur Sternenferne erzeugen.

Es gibt viele rätselvolle Seiten in der Beziehung zwischen Wagner und Liszt, und auch ihr Briefwechsel, so reich (und umfangreich) er ist, löst diese Rätsel nicht. Nicht nur, weil er in den späten Jahren immer kärglicher wird und zwei scheinbar zu Stein gewordene Monumente nur noch heilige Brocken austauschen. Solches Schweigen kann sehr beredt sein. Doch selbst in der Zeit der großen Nähe und eines intensiven Gesprächs, in den Jahren von 1849 bis 1861, in denen oft mehrmals im Monat die Briefe zwischen Weimar und Zürich hin und her gehen, ohne daß die Antwort des Partners immer abgewartet wird, sogar in diesen Jahren eines fast stürmischen Dialogs hat die Korrespondenz zwischen Wagner und Liszt viele schillernde Facetten, birgt spannungsvolle Gegensätze und heimliche Mißverständnisse, enthält einen Subtext, der aber nicht eindeutig lesbar ist. Und die Frage stellt sich, ob die Beziehung zwischen Wagner und Liszt – überhaupt als Freundschaft bezeichnet werden kann?

Dem späten 19. Jahrhundert, das sich in seinen Kunstheroen gern selber verklärte, war die Antwort darauf niemals zweifelhaft. Erich Kloss zum Beispiel, der den Briefwechsel zwischen Wagner und Liszt 1919 zum letzten Mal, damals noch unvollständig und unter Auslassung sogenannter prekärer Stellen, herausgab, nannte ihn sogar »eines der größten Doppeldokumente edelster Künstlerfreundschaft aller Zeiten«. Dem dröhnenden Wort soll nicht direkt widersprochen werden, denn im Verhältnis von Wagner und Liszt gab es auch *diese* Komponente. Doch verdeckt die heroisierende Betrachtung leicht die irritierenden, anstößigen und unheimlichen Seiten ihres Gegenstandes, überspielt die Gegensätze, beseitigt die Widersprüche, glättet und rundet das Bild und zeigt klassische Vollendung sogar dort, wo in Wirklichkeit, um Wagners Wort aufzugreifen, »alles blutig« war. Welche Betrachtungsweise wäre Wagner weniger angemessen? Ist doch sein ganzes Werk Widersprüchen, etwa der Spannung von Triebverfallenheit und Erlösungssehnsucht, abgewonnen. Und welche wäre unangemessener für Liszt? –: »Die perfekteste romantische Figur, die man sich vorstellen kann«, hat ihn Rachmaninow genannt, wobei »Romantik« hier so viel heißt wie: Zerrissenheit als Lebensform, ein unaufhörliches Spiel mit Rollen, Kostümen, Masken und Metamorphosen.

Was den Briefwechsel selbst betrifft, so wird man ihn allerdings, mit Kloss, ein einzigartiges Dokument nennen dürfen – allein schon deshalb, weil es in der ganzen Musikgeschichte nichts Vergleichbares gibt. Niemals vorher oder nachher haben zwei Komponisten dieses Ranges sich so eng miteinander verbunden und so viele Briefe gewechselt: beide füllen mit ihrer Lebenszeit fast das gesamte Jahrhundert aus, beide wurzeln noch in der klassischen Periode von Haydn und Beethoven, Salieri und Czerny (die den jungen Liszt unterrichtet haben), und beide gelangen im Alter an die Schwelle der neuen Musik; und auch ihre direkten persönlichen Beziehungen erstrecken sich über zweiundvierzig Jahre und somit über die ganze Epoche der sogenannten Hochromantik. Schon das begründet den musikgeschichtlich-kulturhistorischen Rang dieser Korrespondenz – als Lebenszeugnis, aber auch als literarisches Dokument. Denn beide Komponisten waren glänzende, hochgebildete, kritisch versierte Schriftsteller mit mehr als gelegentlichen Anwandlungen von beeindruckender Sprachmächtigkeit. Und nicht zuletzt waren beide große Briefschreiber, man möchte sagen: Briefschreiber aus *Passion* – dies Wort durchaus im Doppelsinn zu verstehen, nämlich Briefschreiber aus Leidenschaft, dann aber auch: unter der Last ihrer Korrespondenz bis zur Verzweiflung Leidende. Das Briefschreiben sei ihm zu »einer Art von Naturfehler« geworden, klagt der alte Wagner einmal, und der alte Liszt nennt die Korrespondenz sein »Fegefeuer auf Erden«. Nach eigener Angabe schrieb er im Jahr über zweitausend Briefe, und auch wenn darunter viel »formelle« Korrespondenz war, Empfehlungsschreiben, Gutachten, Briefe an Verlage, Konzertunternehmen etc., von der Verehrerinnenpost ganz abgesehen, glaubt man ihm doch, daß er sogar im hohen Alter »fast täglich mehrere Stunden mit Briefschreibereien« verbrachte. Wagner erging es nicht anders – oder fast noch ärger. Denn er mußte nicht nur das unvermeidliche Pflichtpensum erledigen, sondern auch noch – darin unterscheidet er sich von Liszt – sein immenses Mitteilungs- und Selbsterklärungsbedürfnis befriedigen: dieses Bedürfnis war an sich schon unstillbar – und wurde durch die Situation des Exils noch verstärkt. So kann es weder verwundern, daß die Korrespondenz zwischen Wagner und Liszt sehr umfangreich ist, noch, daß Wagner in ihr die dominierende Rolle spielt: quantitativ zunächst, was Zahl und Umfang seiner Briefe betrifft, dann aber auch »qualitativ« durch die Intensität und Leidenschaftlichkeit seiner immer stark subjektiv gefärbten Mitteilungen. Dagegen ist verwunderlich, daß die persönlichen Beziehungen sich zwar über volle vier Jahrzehnte erstrecken, die eigentliche Korrespondenz aber nur zwölf Jahre andauert: von 1849 bis 1861 – ergänzt durch einen eher konventionellen Prolog und einen nörgelnd-hoheitsvollen Abgesang.

Es sind die zwölf Jahre des »Bündnisses« – so wenigstens erschien es der Mitwelt. Deswegen war es verführerisch, dieses Bündnis, nicht zuletzt wegen Liszts Arbeit in Weimar, als romantische Wiederholung einer klassischen Konstellation zu sehen: der zwischen Goethe und Schiller. Die Parallele ist oft gezogen worden, und auch Wagner und Liszt waren nicht abgeneigt, sich im Verhältnis der Weimaraner zu bespiegeln. »Göthes und Schillers Briefwechsel erbaute mich sehr«, schreibt Wagner am 16. Dezember 1856 an Liszt, »er brachte mir unser Verhältnis sehr nahe und zeigte mir köstliche Früchte, die unter glücklicheren Umständen unsrem Zusammenwirken entsprießen könnten.« Vier Jahre später heißt es in Liszts sogenanntem »Testament«: »Zu einem gewissen Zeitpunkt (vor ungefähr zehn Jahren) hatte ich für Weimar eine neue Kunstperiode geträumt, ähnlich wie die von Carl August, wo Wagner und ich die Koryphäen gewesen wären, wie früher Goethe und Schiller.« Der Traum scheiterte an politischen Umständen und an der Enge der kleinstaatlichen Verhältnisse. Liszt brauchte, um sich von ihm zu verabschieden, längere Zeit als der in dieser Hinsicht illusionslosere Wagner – der Liszt am 20. November 1851, also noch am Anfang der geträumten »neuen Kunstperiode«, schreibt: »Mit trauriger Aufrichtigkeit sage ich Dir, daß ich Deine Bemühungen um Weimar... für – fruchtlos halten muß. – Du machst die Erfahrung, daß Du dort nur den Rücken zu wenden hast, um die vollste Gemeinheit hinter Dir auf das üppigste aus dem Boden erblühen zu sehen, auf dem Du das Edelste zu pflanzen Dich mühtest: Du kehrst zurück, und kaum wirst Du zur Hälfte wieder den Boden umgepflügt haben, als Du das Unkraut von neuem nur frecher wieder emporschießen sehen wirst. – Du bist in Weimar: Du preisest die Kunstsinnigkeit des Hofes –? Gedenkst Du nicht des hochgerühmten *Karl August*, der seinen Freund *Göthe* durch einen – Pudel von derselben Bühne verjagen ließ, auf der Du jetzt, unter bei weitem kunstfeindseligeren Aspekten, das Panier einer Kunst aufpflanzen willst, für die fast alle Darstellungsmittel, alles Herkommen der Gewohnheit, ja fast alle Vermutung eines *wahren* (nicht erkünstelten) Erfolges unvorhanden sind? – Wahrlich, ich kann Dir nur mit Wehmut zusehen!«

Prophetische Sätze, wenn man an das Ende von Liszts Tätigkeit in Weimar denkt, an sein resigniertes Aufgeben 1859 nach jahrelangen Intrigen! Und doch ist kaum zu übersehen, daß Wagner nicht eben zartfühlend mit dem Freund umgeht, daß seine »traurige Aufrichtigkeit« nicht frei von Schroffheit ist – trotzige Verlegenheit vielleicht, spricht er doch auch *pro domo*: Mit demselben Brief kündigt er Liszt nämlich ihre Vereinbarung auf, eine Oper für Weimar zu schreiben, da ihm der Siegfried-Stoff, gleichsam unter der Hand, zur Tetralogie angewachsen sei; die vier Dramen seien aber noch nicht komponiert, von zweien nicht einmal der Text geschrieben und an eine Aufführung in Weimar somit gar nicht zu denken. Wagner rechtfertigt in seinem Brief also auch den eigenen, zweifellos legitimen Künstler-Egoismus. Allerdings nicht ohne diesem – und das ist charakteristisch für seine Haltung – durch die Aufforderung an Liszt, ein Gleiches zu tun, Weimar fahren zu lassen und nur noch zu komponieren, gewissermaßen die höhere Weihe zu geben. Seine Kompromißlosigkeit enthält auch Abgrenzung, versteckte Kritik – sogar am großen Künstler-Freund Franz Liszt. Was dieser gelassen mit den Sätzen quittiert: »Deine sehr trefflich motivierten und gerechtfertigten Besorgnisse über meine Weimarer Tätigkeit beantworte ich nicht; sie werden sich tatsächlich erweisen oder widerlegen während dieser paar Jahre, als Du mit Deinen Nibelungen verweilst. Jedenfalls bin ich auf Besseres und Schlimmeres gefaßt und hoffe meinen bescheidenen Weg ruhig fortschreiten zu dürfen.«

An eine *praktische* Zusammenarbeit von Wagner und Liszt (ausgenommen die, die Liszt in Weimar *für* Wagner leistete) war unter solchen Voraussetzungen kaum zu denken. Das Goethe-Schiller-Modell war bei Liszt und Wagner eben auch als *innere* Möglichkeit nicht angelegt. Zu verschiedenartig sind in diesen Jahren ihre Bestrebungen und Lebenssituationen: Liszt beendet seine Virtuosenlaufbahn und begibt sich unter das Joch des Hofkapellmeisters in Weimar – Wagner ist diesem Joch durch die Umstände der Dresdner Revolution soeben entkommen; Liszt zielt auf unmittelbare Wirksamkeit unter den gegebenen Verhältnissen – Wagner meint, diese Verhältnisse erst von Grund auf umstürzen zu müssen; Liszt arbeitet auf den verschiedensten Feldern, dirigiert und komponiert, unterrichtet und schreibt Bücher, veranstaltet Musikfeste und gründet Vereine – Wagner widmet sich ausschließlich seinem Werk. Und während Liszt als Schriftsteller sich unermüdlich für andere Kollegen einsetzt, macht der Schriftsteller Wagner vor allem Propaganda für sich selbst. Gegensätze also, wohin man blickt. Auf der einen Seite, um es mit den Worten des Liszt-Biographen Peter Raabe zu sagen, Wagners »gewaltige, fruchtbringende Einseitigkeit«, auf der anderen Liszts »gefährliche, zur Zersplitterung neigende und doch vielleicht noch fruchtbarere Vielseitigkeit«. In ihrem persönlichen Verhältnis schließlich begegnet Wagner Liszts generöser Hilfsbereitschaft mit eifernder, zehrender Ambivalenz. Liszt – obwohl ihm Wagners Sache mehr als jede andere am Herzen liegt – setzt sich in Weimar auch für andere zeitgenössische Komponisten ein: für Schumann und Cornelius, Verdi und Meyerbeer, besonders nachdrücklich für Berlioz, dessen Kompositionen er regelmäßig und sogar zyklisch aufführt. Wagner reagiert darauf mit offenkundiger Eifersucht, auch wenn er sie kritisch zu tarnen versucht; anläßlich der Weimarer Aufführung von Berlioz' *Benvenuto Cellini* schreibt er an Liszt: »Was ist Dir denn nur meinerseits über Deine Aufführung des *Cellini* zu Ohren gekommen? Mir scheint, Du setztest hierüber eine feindselige Ansicht von mir voraus? Diesen Irrtum möcht' ich Dir benehmen! Ich betrachte dieses Dein Unternehmen als ein rein persönliches, von Deiner Neigung zu Berlioz Dir eingegebenes: was für ein Vieh müßte ich sein, wollte ich diese Neigung und dieses Unternehmen bekritteln!... Nur von da ab, wo eine solche Herzensangelegenheit auch dem spekulativen Verstande zurechtgelegt werden soll, muß ich finden, daß sich Irrtümer einschleichen, die als solche einem Drittel klar werden können. An die Konsequenzen, die Du – wie mir berichtet wurde – an die Aufführung des Cellini anknüpfest, vermag ich nicht durchaus zu glauben: das ist alles!« – Das klingt verständnisvoll, ist aber nicht frei von Zweideutigkeit; in der freundschaftlichen Erklärung auch hier wieder – heimliche Kritik.

Liszts Generosität, Uneigennützigkeit, Selbstlosigkeit, sein rastloser Einsatz für andere statt für sich, sie bleiben Wagner zutiefst fremd, wirken verstörend auf ihn, führen ihm vor Augen, was ihn und den Freund unterscheidet, zeigen ihm die Beladenheit der eigenen Natur und die glückhaft-liebenswürdige des anderen. Nirgendwo im Briefwechsel kommt das überzeugender zum Ausdruck, fast möchte man sagen: *zum Ausbruch*, als in dem Brief vom 18. April 1851: Wagner beschreibt da ihr Verhältnis in leidenschaftlichen Wendungen und kühnen Metaphern; man spürt darin etwas von seinem eruptiven, vulkanischen Temperament, von der Heftigkeit seiner Affekte, die immer zum Absoluten tendieren – was freilich auf seine Weise nicht weniger imponiert oder fasziniert als Liszts vollendete Individualität. Da heißt es: »Und wie merkwürdig geht es mir immer mit Dir! Wenn ich Dir mein Liebesverhältnis zu Dir beschreiben könnte! Da gibt es keine Marter, aber auch keine Wonne, die in dieser Liebe nicht bebte! Heute quält mich Eifersucht, Furcht vor dem mir Fremdartigen in Deiner besonderen Natur; da empfinde ich Angst, Sorge – ja – Zweifel: – und dann wieder lodert es wie ein Waldbrand in mir auf, und alles verzehrt sich in diesem Brande, daß es ein Feuer gibt, das nur der Strom der wonnigsten Tränen endlich zu löschen vermag. – Du bist ein wunderbarer Mensch, und wunderbar ist unsere Liebe! Ohne uns so zu lieben, hätten wir uns nur furchtbar hassen können!« – Hier rettet sich Wagner in eine verzweifelte Offenheit – und gibt Antwort auf die Frage, ob das Wort »Freundschaft« diese Beziehung denn richtig beschreibt: für Liszt kann es gelten, wenn auch gewiß nur in Verbindung mit liebender Bewunderung; bei Wagner war es mehr als Freundschaft und weniger zugleich –: eine Liebe, die immer auch die Möglichkeit ihres Gegenteils enthielt. Suchte man eine Formel dafür, dann könnte man den Satz wählen, der bei Shakespeare Hamlets Verhältnis zu seinem Onkel Claudius bezeichnet: »Mehr als befreundet, weniger als Freund!« – Es ist die gleiche Formel, die ein halbes Jahrhundert nach Wagner und Liszt zur Beschreibung einer anderen problematischen Beziehung gewählt wird: für die Thomas Manns zu seinem Bruder Heinrich in den *Betrachtungen eines Unpolitischen*.

Wagners Verhältnis zu Liszt, das bis ins hohe Alter von Ambivalenz bestimmt war, hatte mit geradezu feindseligen Empfindungen angefangen. Sie begegneten einander zuerst in den frühen vierziger Jahren in Paris. Wagner, auf eine Empfehlung Heinrich Laubes bauend, bemühte sich um die nähere Bekanntschaft mit Liszt – in einem notgedrungen devoten Bittschreiben, das erhalten blieb und den Briefwechsel eröffnet. Die Begegnung, die daraufhin zustande kam, verlief höchst aufschlußreich und wirft bereits ein Licht auf alles Spätere, jedenfalls auf alles, was in dieser Beziehung konfliktträchtig angelegt war. Man muß – da der Briefwechsel von ihnen nicht berichtet – diese Ereignisse nacherzählen, unter dem Motto etwa: »Der Virtuos und der Künstler« (so hatte Wagner einen Aufsatz überschrieben, den er kurz vor seiner Begegnung mit Liszt in der *Gazette musicale* publizierte): Erster Schauplatz – ein Pariser Salon, wo Liszt, nur knapp zwei Jahre älter als Wagner, doch ein hochberühmter Virtuose, den völlig unbekannten deutschen Komponisten empfängt. Unfähig, an der französischen Konversation teilzunehmen, vermag dieser nur ein paar belanglose Sätze mit Liszt zu wechseln; der Besuch endet bald mit der Abgabe seiner Adresse bei Liszts Sekretär Belloni; der schickt ihm eine Eintrittskarte für Liszts nächstes Konzert. Zweiter Schauplatz – die *Salle Erard* in Paris. Hier sei am besten Wagner selber zitiert: »Ich fand mich in dem überfüllten Saal ein, sah die Tribüne, auf welcher der Flügel stand, von der Crême der Pariser Damenwelt im engsten Zirkel belagert, wohnte den enthusiastischen Ovationen bei, welche dem von aller Welt angestaunten Virtuosen gespendet wurden, hörte mehrere seiner glänzendsten Stücke, wie die *Fantaisie sur Robert le Diable* an und trug eigentlich keinen andren Eindruck als den der Betäubung davon.« – Nachzulesen in Wagners Autobiographie, die er drei Jahrzehnte später der Tochter Franz Liszts diktierte. Vielleicht hat er deswegen hinzugefügt: »Es war die Zeit meiner völligen Umkehr von einem Wege, der mich gegen meine innere Natur irregeleitet hatte, und von welchem ich mich nun in schweigsamer Bitterkeit abwandte.«

Völlig schweigsam indes verhielt Wagner sich nicht. In einem Bericht über Liszts Konzert, den er für die *Dresdner Abendzeitung* schrieb, liest man die Sätze: »Bankiers! – Ein wichtiges Kapitel – und da es mir gerade so in den Wurf kommt, kann ich nicht umhin, ihm im Vorbeigehen eine ehrfurchtsvolle Aufmerksamkeit zu widmen. Also: – *Liszt* hat letzthin ein Konzert gegeben. Er spielte allein darin – niemand spielte oder sang sonst; das Billet kostete 20 Frank; er hatte keine Kosten, nahm 10 000 Frank ein und gibt nächstens ein zweites Konzert. Welche Sicherheit! Welche Unfehlbarkeit! – ich meine in der Spekulation; denn sein Spiel ist so sicher und unfehlbar, daß es gar nicht der Mühe verlohnt, darüber zu sprechen . . . Auch Sie in Dresden haben ja vor nicht langer Zeit den Wundermann gehört. Somit brauche ich Ihnen nicht zu sagen, wer und was er ist – und das ist mir sehr lieb, denn ich wüßte es auch wahrlich nicht zu tun. Ich bekam an diesem Tage so heftige Kopfschmerzen, so peinigende Nervenzuckungen, daß ich früh nach Hause gehen und mich in das Bett legen mußte.« – Aus Wagners Bericht – dem vier Wochen später ein weiterer über Liszts nächstes Konzert folgte – spricht zunächst einmal der gewiß verständliche Neid eines jungen

Komponisten, der in Paris mit Zeitungsartikeln und Musikarrangements sein Dasein fristet, auf den von Weltruhmesglanz und materiellem Erfolg umstrahlten Kollegen. Das ist der Wagner der »Hungerjahre«! Auffällig bleibt aber, wie ausschließlich Wagner Liszts Darbietungen als Spekulation auf schnöden Gewinn bewertet, wie bedenkenlos er das Ressentiment gegen die Geldsphäre mobilisiert, auf die sein eigenes Denken nur allzu deutlich fixiert ist. Hat sich ihm denn, fragt man sich verwundert, von Liszts Kunst – oder Charisma – gar nichts mitgeteilt? Man halte dagegen, was Heinrich Heine über dieselben Auftritte Liszts für die *Augsburger Allgemeine Zeitung* schrieb: »Franz Liszt ist jetzt wieder hier und gibt Konzerte, die einen Zauber üben, der an's Fabelhafte grenzt. Neben ihm schwinden alle Klavierspieler... bei Liszt denkt man nicht mehr an überwundene Schwierigkeit, das Klavier verschwindet und es offenbart sich die Musik. In dieser Beziehung hat Liszt, seit wir ihn zum letztenmal hörten, den wunderbarsten Fortschritt gemacht. Mit diesem Vorzug verbindet er eine Ruhe, die wir früher an ihm vermißten. Wenn er z. B. auf dem Pianoforte ein Gewitter spielte, sahen wir die Blitze über sein eigenes Gesicht dahinzucken, wie von Sturmwind schlotterten seine Glieder, und seine langen Haarzöpfe träuften gleichsam vom dargestellten Platzregen. Wenn er jetzt auch das stärkste Donnerwetter spielt, so ragt er doch selber darüber empor, wie der Reisende, der auf der Spitze einer Alpe steht, während es im Tal gewittert: die Wolken lagern tief unter ihm, die Blitze ringeln wie Schlangen zu seinen Füßen, das Haupt erhebt er lächelnd in den reinen Äther. Trotz seiner Genialität begegnet Liszt einer Opposition hier in Paris, die vielleicht doch durch seine Genialität hervorgerufen ward. Diese Eigenschaft ist in gewissen Augen ein ungeheures Verbrechen, das man nicht genug bestrafen kann. ›Dem Talent wird schon nachgerade verziehen, aber gegen das Genie ist man unerbittlich!‹ – so äußerte sich einst der selige Lord Byron, mit welchem unser Liszt viele Ähnlichkeit bietet.«

Nicht um Heine gegen Wagner auszuspielen, wird hier so ausführlich zitiert. Wagners kunstmoralische Attitude kann durch Heines gelassenen Enthusiasmus nicht widerlegt werden. Doch weist Heines Name in jene kulturelle Sphäre, der auch Liszt nach Gestus und geistiger Haltung angehört, ja, deren Ausbund er verkörpert: die Pariser Romantik – mit ihrem Kult des Schaurigen und Exzentrischen, der regelwidrigen Leidenschaft und des Rausches, der aristokratischen Eleganz und theatralischen Virtuosität. Sie hat eine ganze Galerie von Typen hervorgebracht: den Snob und den Dandy, den Bohemien und den Libertin, den massensuggestiven Virtuosen und den Künstler als Held. All das ist Liszt! – der gloriose Nachfahre Byrons in der Verbindung von Theatralik und Aufrichtigkeit, Emphase und Empfindsamkeit, Aristokratismus und revolutionärer Kraft. – Wagner steht dieser Welt zwiespältig und befangen gegenüber. Mag sich das auch in schroffer Ablehnung äußern, wie die Liszt-Kritik zeigt, so vermag er doch die heimliche Faszination, ja sogar Affinität zu dieser Welt nicht völlig zu verbergen. Sie spricht am deutlichsten aus seinem *Fliegenden Holländer*, für den Heine die stoffliche Anregung liefert und dessen Textbuch nicht zufällig in Paris entsteht, in den Wochen unmittelbar nach Liszts Konzerten. Das Werk ist weit eher dieser Pariser Romantik zuzurechnen als etwa dem deutschromantischen Biedermeier des Vormärz; Liszt sagt später darüber: »Seit Byron hat kein Poet ein so bleiches Phantom in düsterer Nacht aufgerichtet.« Wie stark die Eindrücke sind, die Wagner in diesen Pariser Jahren empfangen hat, zeigt sich noch zwei Jahrzehnte später, als er mit dem *Tannhäuser* nach Paris zurückkehrt –: in Baudelaire, der in der Musik des Venusberg-Bacchanals sein klanggewordenes *paradis artificiel* erkennt, gewinnt er einen glühenden Anhänger. Allerdings vermag Wagner, wie der zwischen Venusberg und Wartburg schwankende Held seiner Oper, sich in diesen vierziger Jahren dem künstlichen Paradies nur halb hinzugeben. Dem steht sein kunstmoralischer Anspruch entgegen, das Erbteil eines schon damals, unter dem Bürgerkönigtum, obsolet – oder zumindest anachronistisch – gewordenen Idealismus. Und so argumentiert Wagner denn im Namen des »Künstlers« gegen den »Virtuosen«, spielt Beethoven gegen Liszt aus, setzt sich unter

Berufung auf die deutsche Klassik gegen die französische Romantik zur Wehr. Und fast trotzig gibt er seinen gesammelten Novellen aus dieser Zeit den Titel *Ein deutscher Musiker in Paris*. Auch hier also wieder Ambivalenz – und zwar eine Wagner für alle Zukunft prägende Ambivalenz. Paris ist für ihn seither das moderne Babylon, Symbol der Geldherrschaft, der Inbegriff eines Kunstbetriebes, der alle Kunst in eine Ware zu verwandeln strebt. Darin bestätigen ihn noch zwanzig Jahre später die Pfiffe des Jockey-Clubs, die den *Tannhäuser* zu Fall bringen, und das beweisen ihm jetzt Liszts Pariser Konzerte. »Liszt könnte und würde ein freier Künstler, ein kleiner Gott sein«, heißt es in Wagners Bericht für Dresden, »statt daß er jetzt der Sklave des abgeschmacktesten Publikums, des Publikums der Virtuosen ist. Dieses Publikum verlangt von ihm um jeden Preis Wunder und närrisches Zeug; er gibt ihm, was sie wollen, läßt sich auf den Händen tragen und – spielt im Konzert für Beethovens Denkmal eine Phantasie über Robert den Teufel!«

Dieser Liszt, der »Sklave des Publikums«, blieb Wagner, auch in aller Freundschaft, stets verdächtig, sogar nachdem er sein Vorkämpfer geworden war, die Virtuosenlaufbahn längst aufgegeben hatte, selbst noch in seiner Rolle als franziskanischer Abbé. »Das moderne Weltkind« nennt Wagner ihn 1851 in einem Brief an Theodor Uhlig. Und er fügt hinzu: »Der Dämon des äußerlichen Erfolges verwirrt ihn immer wieder von neuem.« Auch das persönliche Zusammensein mit Liszt – das in den Jahren des Exils selten zustande kommt – ist Wagner zuweilen dadurch verleidet, daß es mit allzuviel Welttrubel verbunden ist; denn er findet in Liszt den »intimen Menschen« vom »öffentlichen« fast immer ungetrennt. Was er in einem Brief an Mathilde Wesendonck (vom 18. Oktober 1858) mit den Sätzen kommentiert: ». . . ruhig betrachtet (will ich) nicht leugnen, daß ich es für gut halten muß, wenn wir nie lange und nahe beisammen sind, weil ich dann die zu starke Offenbarwerdung unsrer Verschiedenheit zu fürchten hätte. In der Ferne gewinnen wir für uns sehr.« – In einem Brief an dieselbe Adressatin vom 15. Juni 1861, geschrieben in Paris nach dem Fiasko des *Tannhäuser*, taucht sogar eine Reminiszenz an die erste Pariser Begegnung mit Liszt auf, der sich jetzt ebenfalls in Paris aufhält. Wagner schreibt da – und es ist ungemein aufschlußreich zu beobachten, wie er jetzt, nachdem er selber ein gutes Jahr vom »Dämon des äußerlichen Erfolgs« verwirrt war, wieder in die Haltung »schweigsamer Bitterkeit« zurücksinkt –: »Sonderbar muß mir wohl Listzs Lebensbegegnung vorkommen. Zum ersten Mal traf ich ihn vor 20 Jahren in Paris, zu einer Zeit, wo mich – in mißlichster äußerer Lage – bereits tiefer Ekel vor der Welt faßte, in welcher er eben glänzend und strahlend vor mir hergaukelte. Jetzt, wo ich nur zu bereuen habe, dieser Welt durch mein Schicksal einmal wieder entgegengetrieben worden zu sein, wo ich meine Jugenderfahrung so gründlich erneuere, und nichts, keine Vorspiegelung, kein Anschein mich mehr bewegen kann, gegen sie den Finger aufzuheben, muß Liszt abermals sich vor meinen Augen darin herumsonnen! . . . Niemand weiß besser wie er, was das ist, das dort zu erreichen ist. Richtiger beurteile ich ihn daher, wenn ich annehme, da das Rechte ihm selbst versagt bleibt, liebt er es, sich dann und wann im Schein zu berauschen. . .« – Das ist stark! Aber Liszt hat solche Launen, Ungerechtigkeiten, Zumutungen Wagners, der ihm, wie der Briefwechsel zeigt, oft noch viel direkter zu Leibe rückte, mit Geduld und Toleranz ertragen; er räumte dem großen Mann, dem »opifex«, wie er ihn nannte, der »diamantene Berge« schafft, besondere Rechte ein, erlaubte sich allenfalls einen Stoßseufzer, wie in dem Brief an seine Tochter Blandine von Anfang 1860: »Ich werde mich gänzlich dessen enthalten, mich in seine Angelegenheiten zu mischen, und mich darauf beschränken, schweigend seine schlechte Laune mir gegenüber zu ertragen, so lange es ihm beliebt, sie andauern zu lassen.«

Dieselbe Konstellation noch im hohen Alter, in den von Gereiztheiten bestimmten gemeinsamen Tagen in Bayreuth, Siena oder Venedig. Wagners Unmut über Liszts Lebensform spricht etwa aus seinem Brief an Ludwig II., geschrieben fünf Wochen vor seinem Tod, am 10. Januar 1883, hier freilich humoristisch abgemildert: »Im übrigen«, heißt es da, »brachte uns Großpapa (vom Standpunkt unserer Kinder benannt) die eigentümliche Unruhe wieder mit nahe, die nun einmal ein Element seines Lebens geworden ist. Aus seinem so ungemein bunt bewegten Leben umgibt ihn, wohin er auch kommt, stets ein Schwall von Connaissancen, die ihn auffinden und aufsuchen, und ihn uns somit ganz verschwinden machen, da wir nun einmal allem fernbleiben und uns ausschließlich auf uns beschränken. Sein neuestes war ein Diner mit Don Carlos und einem mexikanischen Herzog Iturbide, den ich für einen Anbeter des Fitzliputzli, und Verwandten von Iztkahuitl und Popokatepetl erklärte, – was jedoch Papa nicht abschreckte, Don Carlos als Marquis Posa zur Seite zu treten. – Aus diesen Andeutungen ersieht vielleicht mein hochgeliebter Freund, daß ich eine Zeit lang nicht ganz in meinem Elemente war...«

»Weltkind«, »Virtuose«, »Sklave des Publikums« – Wagner wußte natürlich, daß solche Kennzeichnungen seines Freundes Franz Liszt schief waren, nicht einmal die halbe Wahrheit darstellten. Wenn er sie dennoch gelegentlich verwendete und selbst in Zeiten intensivster Freundschaft in sich nie völlig überwand, dann stand das natürlich im Dienst künstlerischer Selbstbehauptung. Was das eigene Ich in Frage stellte, wurde abgewehrt, manchmal gar verworfen. Da war nichts von Liszts weltfreundlicher Toleranz, hinnehmender Geduld, bezwingender Liebenswürdigkeit, die selbst hinter den Masken des Dandy und des Büßers, des Bohemiens und des Libertins, des virtuosen Hexenmeisters und des weltentsagenden Asketen stets spürbar bleiben. Auch Wagner vermochte sich diesem Zauber nicht zu entziehen: in *Mein Leben* spricht er einmal mit Bezug auf Liszt von der »Eigentümlichkeit des seiner Liebenswürdigkeit und unvergleichlichen Humanität sicheren Menschen«. Ein schönes Wort! Und solche Attribute der Bewunderung überwiegen bei weitem die kritisch-herabsetzenden Kennzeichnungen. Gerade diese aber haben – und deshalb müssen sie hier, vielleicht ein wenig überscharf, angeleuchtet werden – das Liszt-Bild der Nachwelt stärker geprägt als Lob, Enthusiasmus, Hingerissenheit. Was gewiß nicht in Wagners Absicht lag, aber von den

Wagnerianern unter augenzwinkernder Berufung auf den Meister gefördert wurde. Eine Einstellung gegenüber Liszts Person und Virtuosentum setzte sich durch, die Wagner in sich schon weitgehend überwunden hatte. Was er an stillen Vorbehalten hegte, als Ressentiment gelegentlich aufflackern ließ, konnte aber so mächtig nur wirken, weil es mit dem allgemeinen Ressentiment gegenüber einer Erscheinung wie Liszt übereinstimmte: an die Formel vom »Weltkind« heftete sich bald der Sexualneid, am abscheulichsten in Nietzsches Formulierung »Liszt: oder die Schule der Geläufigkeit – nach Weibern«; die Metapher vom »Sklaven des Publikums« entsprang einem verlogenen Kunstmoralismus, dem Wagners eigenes Werk am wenigsten standhielt; und der »Virtuose« blieb, wenigstens im deutschen Bereich, die ewige Gegenfigur zum »Künstler« (der meist, zu Betonung des Gegensatzes, mit dem Epitheton »echt« geschmückt wird, während jener sich die Beiwörter »unecht« und »leer« gefallen lassen muß). So kommt das Paradox zustande, daß Wagners Verdikt gegen das Virtuosentum folgenreicher wurde als seine produktive Berührung mit der Pariser Romantik im eigenen Werk. Die europäisch-kosmopolitische – und das heißt zugleich Lisztsche – Komponente in Wagners Werk, ohne die seine eminente übernationale Wirkung, vor allem in Frankreich, ganz undenkbar wäre, wurde in Deutschland vehement abgewehrt, lange Zeit überhaupt nicht wahrgenommen, zumal im kulturchauvinistischen Milieu der Jahrzehnte nach Liszts und Wagners Tod. Was dem Virtuosentum Lisztscher Prägung gleichwohl an Faszinierendem anhaftete, was kunstmoralischer Domestizierung sich nicht fügte, wurde abgedrängt in Film, Trivialroman und sogenannte Künstlerbiographie. Auch das – jenseits der persönlichen Konstellation – Resultate der Wagnerschen Wirksamkeit. Insofern war es prophetisch, was Wagner in seinem zweiten Bericht für die *Dresdner Abendzeitung* über das letzte der drei Pariser Konzerte Liszts im Frühjahr 1841 schrieb: »So rächt sich jede Schuld auf Erden! Einst wird Liszt auch im Himmel vor dem versammelten Publikum der Engel die Phantasie über den Teufel vortragen müssen! Vielleicht wird es dann aber das letztemal sein!« – Die Prophezeiung ist wenigstens teilweise in Erfüllung gegangen. Zwar sind die Vorbehalte gegen Liszt geringer geworden, aber noch immer scheint er dazu verurteilt, auf dem verstimmten Klavier seines Nachruhms trivialisierte Bravourstücke aufzuführen, ist er gekettet an das Bild vom »Virtuosen«, das Wagner, der »deutsche Musiker in Paris«, einst mitaufzurichten half.

Von der ersten Begegnung in Paris bis zum eigentlichen »Freundschaftsbund« zwischen Wagner und Liszt vergingen acht Jahre. Es gab in dieser Zeit gelegentliche Kontakte, auch persönliche Begegnungen, sogar Annäherungsversuche von seiten Liszts, die aber Wagners feindseligen Trotz, sein zweifelsüchtiges Mißtrauen allenfalls abzumildern, nicht völlig zu beseitigen vermochten. Was man darüber in Wagners *Mein Leben* lesen kann, ist nicht frei von verklärenden Retuschen und familiärer Beschönigung. Glaubwürdiger ist die Darstellung in Wagners berühmter *Mitteilung an meine Freunde* von 1851, die auf dem Höhepunkt der Freundschaft, kurz nach der Weimarer Uraufführung des *Lohengrin* durch Liszt, entstand. Sie enthält Wagners schönste und aufrichtigste Huldigung an den Freund, aber auch das Bekenntnis, daß Liszts fortgesetzte Bemühungen, »mir eine andere Meinung über sich beizubringen«, zunächst lange an der eigenen Haltung scheiterten –: »Er blieb für mich eine von den Erscheinungen, die man als von Natur sich fremd und feindselig betrachtet.« Liszt, der solche feindseligen Empfindungen niemals geteilt hatte, gelangte viel früher zu einer vorbehaltlosen Anerkennung Wagners, und zwar anläßlich einer im Februar 1844 eigens für ihn angesetzten Aufführung des *Rienzi* in Dresden. Vier Jahre danach, im April 1848 – Liszt ist eben im Begriff, sich als Hofkapellmeister in Weimar niederzulassen –, kommt es in Dresden zu einer neuerlichen, nun fast freundschaftlichen Begegnung mit dem Königlich Sächsischen Hofkapellmeister. Liszt wird sich viele Jahre später daran erinnern – in einem Brief an Wagner, geschrieben im *Hotel de Saxe* in Dresden, kurz vor der Uraufführung seiner, Wagner gewidmeten, *Dante-Sinfonie*: »Wie könnte ich Deiner nicht stets in Liebe und inniger Ergebenheit gedenken!« heißt es da am 3. November 1857, »und zumal in *dieser* Stadt, in dieser Stube, wo wir uns zuerst näher traten, als mir Dein Genius aufleuchtete. Der *Rienzi* schallt mir noch von allen Wänden herab, und wenn ich ins Theater hinein trete, kann ich nicht anders, als Dich vor allen an Deinem Pult zu begrüßen.«

Nachdem er Kapellmeister in Weimar geworden ist, gehört eine Aufführung des *Tannhäuser* – die erste seit der Dresdner Uraufführung – zu Liszts frühesten Taten. Zehn Tage nach der Premiere im Februar 1849 schreibt er an Wagner: »Ein für allemal zählen Sie mich von nun an zu Ihren eifrigsten und ergebensten Bewunderern – aus der Nähe oder aus der Ferne, bauen Sie auf mich und verfügen Sie über mich.« – In Kenntnis der Dinge, die noch kommen sollten, fällt es schwer, diesen Satz ohne Ironie zu zitieren: fast ist er eine Formel für Liszts Beziehung zu Wagner in den nächsten zwölf Jahren. Wagner hat Liszt beim Wort genommen, hat in der Tat »auf ihn gebaut«, unablässig »über ihn verfügt« – und da es, wie sich bald herausstellte, aus der Nähe nicht sein konnte, geschah es um so nachdrücklicher aus der Ferne seines Zürcher Exils. Liszts Brief liegt noch nicht drei Monate zurück, als Wagner nach der Niederschlagung des Dresdner Aufstandes nach Weimar flüchtet – nun ein steckbrieflich gesuchter Revolutionär – und Liszt in die Lage versetzt, seinen hochherzigen Worten konkrete Taten folgen zu lassen. Und Liszt hilft ihm – wie er von nun an immer helfen wird, wenn Wagner Hilfe braucht oder Hilfe fordert: gewährt ihm den ersten Unterschlupf, verschafft ihm falsche Papiere, versorgt ihn mit Reisegeld, vermittelt Kontakte in die Schweiz und nach Paris – wohin Wagner, Liszts Rat folgend, zunächst sich wenden soll, um seine künstlerischen Interessen zu fördern – und schreibt an seinen Sekretär Belloni: »Wagner ist ein Mann von bewundernswürdigem Genie, ja ein so schädelspaltendes Genie, wie es für dieses Land paßt, eine neue glänzende Erscheinung in der Kunst.«

In diesen Maitagen des Jahres 1849 beginnt Liszt seinen langen Freundschaftsdienst für Wagner, den man aber auch – die

Korrespondenz belegt es Blatt für Blatt auf vielen hundert Seiten – eine Freundschafts*passion* nennen könnte. Obwohl Liszt mit keinem Wort zu erkennen gibt, daß er es so empfunden hat. Wagners Hilferufe aus der Ferne jedenfalls kommen früh – schon im ersten Brief aus Paris vom 5. Juni 1849 heißt es: »Oft blöke ich wie ein Kalb nach dem Stalle und nach dem Euter der nährenden Mutter.« Und weiter: »Bei allem Mute bin ich oft die erbärmlichste Memme! trotz Deiner großherzigen Anerbietungen sehe ich oft mit einer wahren Todesangst auf das Schmelzen meiner Barschaft nach meiner doppelt langen Reise nach Paris. Mir wird es nämlich zumute wie damals, als ich vor zehn Jahren hierherkam und sich oft Spitzbubengedanken meiner bemächtigten, wenn ich die heißen Tage aufsteigen sah, die mir in den leeren Magen scheinen sollten. Ach, was diese gemeinste Sorge den Menschen entehrt!« – Es geht um Geld! – wie immer bei Wagner, und natürlich auch in seinem Verhältnis zu Liszt (davon wird noch zu sprechen sein). Doch auch um weniger gemeine Sorgen muß die nährende Mutter in Weimar von nun an sich kümmern: Liszt muß Wagner Aufträge verschaffen, Empfehlungsbriefe schreiben, Verhandlungen mit Opernhäusern und Verlagen führen, fürstliche Mäzene ausfindig machen, Wagners politische Amnestierung fördern, kurz: er muß, im großen wie im kleinen, alle Aufgaben eines Wagnerschen Generalbevollmächtigten wahrnehmen – dessen liebevoller und nimmermüder Fürsorge Wagner nicht nur ein Gutteil seiner materiellen Existenz in der Zeit des Exils verdankt, sondern selbst noch den schönen Erardschen Flügel, der ihn später auf allen seinen Reisen begleitet.

Liszts Fürsorge bleibt aber auf praktische Dinge nicht beschränkt. Weimar ist für den exilierten Wagner auch eine Art *künstlerischer* Brückenkopf in Deutschland, der einzige zwar, der ihm geblieben ist, aber ein ausstrahlungskräftiger: das Zentrum der Neudeutschen Schule und der von ihren Gegnern verächtlich so genannten »Zukunftsmusik«. Liszt ist das Oberhaupt dieser Schule und der führende Repräsentant der *musique de l'avenir*, aber in seiner praktischen Arbeit vor allem der Prophet der Wagnerschen Muse. Zwischen 1849 und 1859 erscheinen seine großen Propagandaschriften für Wagner, die Studien über *Tannhäuser*, *Lohengrin* und den *Fliegenden Holländer*: sie machen Wagner auch im Ausland bekannt und werden noch von Baudelaire später zitiert. Und diese drei Opern Wagners stehen unter Liszts Leitung auch im Zentrum des Weimarer Spielplans; der *Lohengrin* wird hier uraufgeführt. Liszt, wegen der »hochidealen Färbung« des Werks zunächst noch besorgt, erfüllte mit der Uraufführung zwar eine Bitte Wagners, machte sich dessen Sache aber vollständig zu eigen, scheute weder Mühe noch Kosten und suchte alle skeptischen Bedenken des anspruchsvollen Freundes brieflich zu zerstreuen: »Dein Lohengrin wird unter den außerordentlichsten und für sein Gelingen besten Bedingungen gegeben werden. Die Intendanz gibt bei dieser Gelegenheit nahezu an 2000 Talern aus, was seit Menschengedenken noch nie in Weimar geschehen ist. Die Presse soll nicht vergessen werden, und anständige und ernst begründete Aufsätze werden der Reihe nach in verschiedenen Zeitungen erscheinen. Das ganze Personal wird Feuer und Flamme sein. Die Zahl der Violinen wird ein wenig vergrößert werden (von 16 bis 18 im ganzen), die Baß-Klarinette ist gekauft worden; nichts Wesentliches wird dem musikalischen Gewebe noch seiner Zeichnung fehlen; ich werde alle Proben, Klavier, Chor, Quartett und Orchester übernehmen; Genast wird mit Wärme und Energie Deine Angaben bezüglich der Inszenierung befolgen. Es versteht sich von selbst, daß wir keine Note, kein Jota Deines Werkes streichen und daß wir es, so weit es uns möglich ist, in seiner reinen Schöne geben werden.« – So Liszt in seiner Fürsorge. Und Wagner antwortet denn auch: »Das muß ich sagen: – *Du bist ein Freund!* ... Daß ich Dich gefunden habe, läßt mich meine Verbannung aus Deutschland nicht nur verschmerzen, sondern sie muß mir fast wie ein Glück erscheinen, da *ich* mir in Deutschland unmöglich so viel hätte nützen können, als *Du* es vermagst!« – Die Uraufführung des *Lohengrin* am 28. August 1850 ist ein Datum der Musikgeschichte – und vielleicht das entscheidendste in Wagners künstlerischer Biographie. Man ermißt es, wenn man die Liste der Besucher durchsieht, die Liszts Ruf nach Weimar gefolgt waren: zu ihnen gehörten die einflußreichen Kritiker Jules Janin aus Paris und Henry Chorley aus London, Giacomo Meyerbeer und Gérard de Nerval, Bettina von Arnim und Karl Gutzkow, Joseph Joachim und Hans von Bülow.

Der Komponist kam nicht zur Uraufführung. Er bestieg an diesem Tag den Rigi bei Luzern und haderte mit dem Schicksal des politischen Flüchtlings, nicht einmal *incognito* in Weimar zugelassen zu sein. Hier blieb ein Stachel, wie leicht begreiflich. Zwar wußte er zu schätzen, was Liszt für ihn bei dieser und vielen anderen Gelegenheiten leistete. Aber wenn seine Briefe an Liszt auch vor Dankbarkeitsbekundungen überfließen (und die Dankbarkeit für den *Lohengrin* bewahrte er bis zuletzt), so hat man darin doch nur die halbe Wahrheit. Wagner war nicht nur ein anspruchsvoller, sondern auch ein rücksichtsloser Freund, widersetzlich bis zum Verrat, und man muß nur seine Briefe an andere Freunde, etwa den jungen Bülow oder den Dresdner Musikschriftsteller Theodor Uhlig, lesen, um in ihnen den ironischen Kontrapunkt zu allem Freundschaftsüberschwang zu finden. Für die mißglückte Leipziger *Lohengrin*-Aufführung im Januar 1854 macht er den Freund verantwortlich – und schreibt an Bülow: »Das ist aber das Unselige an ihm, daß er nur in sehr seltenen Fällen es darauf ankommen läßt, es mit Jemand auch gründlich zu verderben, wenn's sein muß...« Und auch daß eine Aufführung des *Tannhäuser* in Berlin jahrelang nicht zustande kommen will, setzt Wagner seinem Generalbevollmächtigten aufs Schuldkonto. Wieder schreibt er an Bülow: »Nur wundert es mich, daß Liszt so ganz unmächtig in dieser Sache bleibt: ich glaubte wirklich, er sei mehr Diplomat und habe bedeutenderen Einfluß, als es sich ausweist. Nun weiß aber auch Liszt, in welcher Klemme ich lebe: daß er gar keinen Ausweg erfunden, die Berliner Tantièmen mich verschmerzen zu lassen, demütigt etwas meinen Glauben an seine Klugheit und Sorglichkeit.« – Es war eben nicht leicht, es Wagner recht zu machen, und Liszt bildete da keine Ausnahme.

Vielleicht liegt hier die tiefere Ursache dafür, daß der großen Korrespondenz zwischen Wagner und Liszt, die mehr als dreihundert Briefe aus zwölf Jahren enthält und fast achthundert Druckseiten ausfüllt, bei aller wechselseitigen künstlerischen Wertschätzung und kunstpolitischen Genossenschaft zugleich immer etwas Indirektes, Uneigentliches, Unausgesprochenes anhaftet, etwas vom Charakter eines windschiefen Gesprächs unter falschen oder jedenfalls ungeklärten Voraussetzungen. Liszts geduldiger Freundschaftsdienst, Wagners verzweifelt offene Bekenntnislust – sie können nicht darüber hinwegtäuschen, daß ein freundschaftlicher Austausch, eine herzliche Zwiesprache, ein wirklicher *Dialog* nicht zustande kommen. Wagner hat dies deutlich empfunden und auch gegenüber Liszt ausgesprochen. Einen seiner frühen leidenschaftlichen Freundschaftsergüsse, worin er auf ein persönliches Wiedersehen drängt, beschließt er mit der ängstlichen Frage: »Oder bin ich Dir zu – herzlich?« Darauf bleibt Liszt die Antwort schuldig. Am 19. Januar 1855 schreibt Wagner: »Liebster! jeder Deiner Briefe ist mir Gold – und mehr als das – wert: – aber – eigentliche *Antworten* erhalte ich von *Dir* sehr wenig; – so manche meiner Fragen tust Du, als ob sie nie getan.« Diesmal antwortet Liszt: »Du beschuldigst mich in Deinem letzten Brief, daß ich Dir selten Antwort gebe. Dies betrifft wohl nur zwei Punkte: Berlin und Dresden. – Leider, leider habe ich Dir von dort nichts zu sagen, von dem, was ich möchte, wünsche und trotz allem noch hoffe. Mit Quängeleien und Lapalien unterhalte ich Dich nicht gern.« – Absichtsvoller kann man nicht aneinander vorbeireden. Wagner hat sich über diese persönliche Verhaltenheit Liszts, die so kraß kontrastierte zum eigenen Überschwang, oft beklagt, am bittersten in einem Brief an den gemeinsamen Freund Bülow von Oktober 1859, schon in der Zeit der beginnenden Entfremdung von Liszt: »Ich quäle mich seit Wochen mit dem Vorhaben eines Briefes an ihn. Wohl könnte ich es mir leichter machen, denn nie erhalte *ich* eigentlich einen Brief von Liszt, sondern höchstens nur Antworten auf meine Briefe, und diese jedesmal gerade um ein bis zweimal kürzer als meine Briefe. Es drängt ihn somit nichts zu mir. Rede ich ihn an, so ist er der vortrefflichste Freund, den man sich denken kann, aber – er redet mich nicht an. Woher nehm ich's nun, ihm immer wieder Anreden zu adressieren? . . . Ich *finde* jetzt keine Worte mehr zu ihm; meine Wärme ist zu oft mit Phrase erwidert worden. Phrasen aber – mag ich ihm nicht schreiben: dazu ist er mir zu lieb.« – Und Liszt? Was waren die Gründe für seine Zurückhaltung? Wagner suchte sie, nach dem Prinzip *cherchez la femme*, in Liszts Verhältnis zu dessen Lebensgefährtin, der Fürstin Wittgenstein; sie, die Berlioz den Vorzug gab und mit Wagner auf gespanntem Fuße lebte, war in der Tat bestrebt – vor allem in später Zeit –, sich zwischen die Freunde zu stellen, Liszt auf seinem Weg nach Wahnfried aufzuhalten – was ihr im übrigen nicht gelang. Doch greift diese Erklärung zu kurz. Denn Diskretion bestimmte Liszt in seinem Verhältnis zu Wagner von Anfang an, sie entsprach seiner ganzen Natur, wurde aber offensichtlich bestärkt durch seine instinktive Einsicht, daß *diesem* Freund besser mit Taten als mit Worten zu helfen war, mehr noch: daß der Austausch von Intimitäten ihre Freundschaft leichter untergraben könnte als jene ein wenig konventionelle Liebenswürdigkeit, hinter der Liszt sich zu Wagners Leidwesen verschanzte. Den letzten von dessen vielen desperaten Briefen beantwortete er mit den Sätzen: »Welch' schauerlicher Sturm – Dein Brief. Liebster Richard! – Wie verzweifelt er alles herumpeitscht und niederschlägt! Was ist bei dem Getöse und Geheul noch zu hören? – Woher und wozu noch Worte, immer nur Worte!«

Über *diese* Briefe Wagners an Liszt hat Oskar Bie gesagt, es seien »die blutigsten, die je ein Künstler sich abgerungen«. Und wirklich: in ihnen haben wir die ganze lange Passionsgeschichte Wagners während der zwölf Jahre seines Exils! Und zugleich in geradezu exemplarischer Form die Passionsgeschichte des bürgerlichen Künstlers – hin und her gerissen zwischen Rebellentum und Parasitentum. Denn beides, ein Rebell und ein Parasit, war Wagner – der sich einmal gegenüber Liszt, in der Zerknirschung eines Bettelbriefes, als »phantastischer Lump« bezeichnet – und der dennoch, allem falschen Frieden abhold, in wilder

Widersetzlichkeit, ja, feindseliger Ablehnung gegenüber einer Welt verharrt, die er als schlecht erkannt hat, von schnödestem Materialismus bestimmt sieht. Es ist eben jene Widersetzlichkeit, die Wagner an Liszt, dem ewig Liebenswürdigen, Kompromißbereiten, demütig Dienenden und scheinbar nach weltlichem Erfolg Begierigen, vermißt. – Lieber gebe er den ganzen *Lohengrin* preis, schreibt er nach der Uraufführung des Werkes an Liszt, als es verstümmelt, gekürzt, in seinen idealen Intentionen geschmälert in die Welt zu entlassen: »Das heißt *nicht siegen,* wenn ich mit dem Feinde kapituliere...« – Sein *Werk* will Wagner wenigstens rein erhalten – am Ende gar, um die Welt durch die Kunst zu erlösen! Und weiter: »Kann mein Lohengrin nur dadurch aufrecht gehalten werden, daß der wohlberechnete künstlerische Zusammenhang in ihm zerrissen wird, ... *so gebe ich auch die ganze Oper auf,* – Weimar hat für mich dann nur das Interesse wie jedes andere Theater – *und ich habe meine letzte Oper geschrieben.*« – Zweifellos hat Wagner das ganz ernst gemeint. Ebenso ernst wie das, was er im Januar 1854 an Liszt schreibt: »Höre, mein Franz! Du mußt jetzt helfen! Es steht schlecht – *sehr* schlecht mit mir. Soll ich die Fähigkeit wieder gewinnen, *auszuhalten* (ich verstehe *viel* unter diesem Worte!), so muß auf dem nun einmal jetzt betretenen Wege der Prostitution meiner Kunst etwas *Ordentliches* geschehen – sonst ist's aus.« Da haben wir Wagner in seinem Widerspruch! – zerrissen von extremen Gefühlen, schwankend zwischen extremen Haltungen: zwischen Kompromiß- und Schamlosigkeit, Weltunterwerfung und Weltüberdruß, zwischen stürmischer Daseinslust und finsterer Verzweiflung. »Ich mag das Leben nicht länger tragen!« – schreibt er am 30. März 1853, kurz vor seinem vierzigsten Geburtstag an Liszt. Und dann: »...komm mit mir in die weite Welt: wärs auch, drin flott zugrunde zu gehen, in irgendeinem Abgrunde lustig zu zerschellen!« – Wieder denkt man an Tannhäuser, der Wolfram umklammert hält und zum Venusberg zieht, auf der Suche nach dem künstlichen Paradies. (Und man begreift, warum noch den alten Wagner dies Werk beschäftigte: er sei, meinte er, der Welt noch den *Tannhäuser* schuldig! – Er blieb ihn schuldig, denn dieser Widerspruch war nicht aufzulösen.) Liszt hat auf Wagners Brief dieses einzige Mal nicht bloß mit freundschaftlich ermutigendem Zuspruch reagiert, sondern die ihm zugewiesene Wolfram-Rolle akzeptiert. Und er verweist Wagner auf die Tröstungen der Religion: »Deine Briefe sind traurig – und Dein Leben noch trauriger! – Du willst in die weite Welt hinaus und umher, leben, genießen, schwelgen! Ach! wie herzlich gönnt' ich es Dir! – aber fühlst Du es denn nicht, daß der Stachel und die Wunde, die Du im Herzen trägst, Dich nirgends verlassen werden, und nie und nimmer zu heilen sind? – Deine Größe macht auch Dein Elend – beide sind unzertrennlich verwunden und müssen Dich quälen und martern ... bis Du sie nicht beide im *Glauben* hinsinkend aufgehen läßt!«

Liszt wußte wahrscheinlich, daß Wagner mit solchem Trost nicht zu helfen war. Und er übersah sicher auch nicht, daß die Desperatheit des Freundes, je wilder sie sich in seinen Briefen austobte, einen um so profaneren Hintergrund hatte: Wagner brauchte Geld! – Er brauchte immer Geld – und Liszt sollte es ihm verschaffen. Geld ist das eigentliche Hauptthema dieser Korrespondenz – nur blinde »Kunst«beflissenheit vermag das zu verkennen: fast in jedem Brief Wagners ist davon die Rede – und zwangsläufig auch in fast jedem von Liszt. Noch vor Beginn ihrer eigentlichen Freundschaft, im Juni 1848, wendet sich der nicht zu erstenmal verschuldete Wagner aus Dresden an den gerade in Weimar seßhaft Gewordenen – und fällt keck mit der Tür ins Haus: »Sie sagten mir kürzlich, daß Sie für einige Zeit Ihr Piano zugeschlossen hätten: ich nehme nun an, daß Sie für's nächste Bankier geworden sind. Mir geht es schlecht, und wie ein Blitz kommt mir der Gedanke, daß Sie mir helfen könnten.« In diesem Brief ist zum erstenmal von Geld die Rede. Aber Wagner wäre nicht er selber, wüßte er nicht das Leitmotiv, das hier intoniert wird, im Lauf der Zeit vielfältig abzuwandeln, in immer neue Zusammenhänge zu stellen, reich zu instrumentieren oder auch bis zur Unerkennbarkeit zu verschleiern. Und doch liest man mit wahrer Verblüffung in diesem ersten Geldbrief an Liszt den Satz: »Ich würde wieder ein *Mensch* werden, ein Mensch, dem die

Existenz möglich geworden ist, – ein Künstler, der nie in seinem Leben wieder nach einem Groschen Geld fragen, und nur froh und freudig arbeiten würde.« Wer die zahllosen Bettelbriefe kennt, die noch folgen sollten, dem muß Wagners Versprechen geradezu dreist erscheinen. Es ist aber nur eine von vielen Variationen seiner Bettelkunst: gewissermaßen des Entrée des armen Sünders. Andere Variationen werden folgen: die sentimentale, die inbrünstige, die übermütige, die unverschämte oder auch die desperate. »Sieh zu, lieber Liszt«, schreibt der Exilant im Oktober 1849 aus Zürich, »und vor allem denke daran, mir recht bald etwas – etwas Geld zuzuschicken: ich brauche Holz und einen warmen Überrock, da mir meine Frau den alten, seiner Dürftigkeit wegen, gar nicht erst mitgebracht hat. – Sieh zu!« Und Liszt, generös wie kein anderer, hilft aus, sooft er kann – mahnt den Freund nur: »Du weißt, welche schwere Verpflichtungen auf mir lasten.« Wagner hat sich kaum die Schamröte aus dem Gesicht gewischt, da beginnt er einen anderen Brief mit den Worten: »Bist Du gut bei Laune? – Wahrscheinlich nicht, da Du einen Brief von Deinem Plagegeiste entfaltest! Und doch liegt mir um alles in der Welt daran, daß Du gerade heute, jetzt, in diesem Augenblicke guter Laune seist! Denke Dich in den schönsten Moment Deines Lebens hinein, und blicke heiter und wohlwollend von da aus auf mich: denn ich habe Dir eine inbrünstige Bitte vorzutragen.« – Ein verräterischer Beginn! Denn natürlich benötigt Wagner auch diesmal Geld: nicht für sich, aber für seine Frau: »O liebster Freund! Dir ist ja an meinem Besten, an meiner Seele gelegen: an meiner Kunst; mache mich wieder heil für meine Kunst! Sieh, ich hänge an keiner Heimat, aber ich hänge an dieser armen, guten, treuen Frau, der ich fast noch nichts wie Kummer bereitet habe...«

Man könnte so endlos weiter zitieren und wüßte zuletzt doch nicht, worüber man mehr staunen sollte: über die Schrankenlosigkeit von Wagners Geldforderungen (immerhin tut er Liszt die Ehre an, sie meist direkt und unverhohlen vorzubringen) oder über die Grenzenlosigkeit von Liszts Geduld und Hilfsbereitschaft. Denn auch diesmal schickt er Geld: hundert Taler für

Minna Wagner in Dresden. Und wenn er einmal nicht helfen kann, dann läßt er sich dazu herbei, Wagner die eigenen Einkommensverhältnisse peinlich genau offenzulegen – etwa in seinem Brief vom 25. März 1856. Dort heißt es dann weiter: »Nimm mir also nicht übel, liebster Richard, wenn ich auf Deinen Vorschlag nicht eingehe« (einen »Vorschlag« nennt Liszt noblerweise Wagners Bitte um eine jährliche Zuwendung), »weil ich wahrlich jetzt keine regelmäßigen Verpflichtungen übernehmen kann. Bessern sich späterhin meine Umstände, was nicht ganz unmöglich ist, so soll es mir eine Freude sein, Dir Deine Lage zu erleichtern.« – Nichts spricht dafür, daß Liszt sich mit so vagen Versprechungen von seinem Plagegeist endlich in Sicherheit bringen wollte – es wäre auch eine vergebliche Hoffnung gewesen. Denn: ».. . was helfen mir Hunderte, wenn Tausende nötig sind!« – schreibt Wagner in einem Brief vom Januar 1854. Es ist die Zeit seiner schwersten Finanzkrise, als er in Zürich das *Rheingold* komponiert und gleichzeitig dem »Üppigkeitsteufel« die Zügel schießen läßt – ein wahrer Alberich der Kunst, der Liszt anfleht: »Mein Lieber, zürne mir nicht! ich habe ein Recht an Dich wie an meinen *Schöpfer*! *Du bist* der Schöpfer desjenigen, der ich jetzt bin; ich lebe jetzt *durch Dich* – das ist keine Übertreibung. Sorge denn für Dein Geschöpf: ich rufe Dir das wie eine Pflicht zu, die Du hast. – Sieh, es handelt sich ja nur um *Geld*: das sollte doch möglich sein. Die *Liebe* laß' ich ja fahren – und die *Kunst*??«

Liszt hat Wagners kolossales Parasitentum ohne ein einziges Wort des Vorwurfs, der Kritik ertragen. Und doch kam es wegen einer Geldsache zwischen ihnen einmal fast zum Bruch. Am Silvesterabend des Jahres 1858 schrieb Wagner, wieder einmal in Geldnot, aus Venedig einen Brief an Liszt, worin er, im »Übermutsparoxismus«, den Schleier der Beschönigung fallen, das Leitmotiv endlich einmal in seiner nackten, dissonanten Gestalt hervortreten läßt: »O liebster! liebster Franz! – Du antwortest mir viel zu pathetisch! Laß mich Dir meinen letzten Brief ganz humoristisch realistisch kommentieren! – Was Dingelstedt! Was Großherzog! Was Rienzi! – Alles dummes Zeug. – Ich brauch'

Geld... Du sprichst über mich viel zu zart mit den Leuten. Sag Ihnen, Wagner macht sich den Teufel aus Euch, Euren Theatern und seinen eigenen Opern; er braucht Geld; das ist alles! Hast denn auch Du mich nicht verstanden?... Oder macht man mir Vorwürfe, daß ich nicht schlechter lebe? Mein Franz, wenn Du den zweiten Akt von Tristan sehen wirst, so wirst Du zugeben, daß ich viel Geld brauche. Ich bin ein großer Verschwender; aber wahrlich, es kommt etwas dabei heraus.« – Das ist Liszt zu viel! – Er antwortet: »Um nicht mehr der Gefahr ausgesetzt zu sein Dir durch ›pathetisch, ernste‹ Redensarten lästig zu fallen, schicke ich den 1. Akt des *Tristan* an Härtel zurück, und werde mir ausbitten, die übrigen erst nach ihrem Verlagserscheinen kennen zu lernen. – Da die *Dante*-Sinfonie und *Messe* nicht als Bank-Aktien gelten können, wird es überflüssig sie nach Venedig zu senden. Als nicht weniger überflüssig erachte ich auch fernerhin telegraphische Not-Depeschen und verletzende Briefe von dort zu erhalten.« – Das war der Tiefpunkt der Freundschaftsbeziehung; sie wurde noch einmal notdürftig repariert, aber sie hat sich davon nie mehr wirklich erholt. Briefe werden von nun an immer seltener gewechselt, und zwei Jahre später, 1861, bricht die Korrespondenz vollständig ab – für ganze elf Jahre. Was später noch folgte, verdient eigentlich nicht mehr die Bezeichnung »Briefwechsel«.

Es scheint, als seien die Gründe für dieses Verstummen im Persönlich-Biographischen, in privater Entfremdung und familiären Konstellationen zu suchen. Doch gibt es dafür auch objektive Gründe, die vielleicht noch größeres Gewicht haben, zumal die Münchner Skandalaffäre um Wagner und das Ehepaar Bülow sich erst vier Jahre später ereignet. Um das Jahr 1860 verändern sich Wagners und Liszts Lebenssituationen in einschneidender Weise: Wagner wird durch seine Amnestierung wieder der Zugang nach Deutschland eröffnet, Liszt gibt fast gleichzeitig sein Weimarer Amt auf und läßt sich in Rom nieder. Während Wagner sich anschickt, die deutschen Operntheater zu erobern, verliert die Neudeutsche Schule durch Liszts Weggang ihr eigentliches Wirkungszentrum. Was – außer polemischen Parteienstreit – von ihren produktiven Impulsen übrigbleibt, verbindet sich von nun an im öffentlichen Bewußtsein stärker mit Wagners Musikdramen als mit Liszts symphonischen Dichtungen – diese geraten sogar, zu sogenannter »Programmusik« abgewertet, ins ästhetische Zwielicht. So verschieben sich allmählich die Fronten. Die Position des »Fortschritts« in der Musik wird fortan vor allem von Wagner besetzt, der 1864 nach München berufen wird und seinen deutschen Siegeszug mit der Übersiedlung nach Bayreuth, im Jahr der Reichsgründung, fast schon vollendet. Die Grundsteinlegung des Festspielhauses 1872 ist dafür die symbolische Bestätigung. In eben diesen Jahren beginnt Liszt sein unstetes Reiseleben zwischen Rom, Budapest und Weimar, seine *vie trifurquée* – als Komponist eines befremdlichen Spätwerks nun schon völlig ins Abseits geraten. Die Wiederannäherung an Wagner und Wahnfried vermag daran nichts zu ändern – bei den Festspielen fungiert er als Repräsentationsfigur, als »Kampfgefährte aus alten Tagen«, weithin betrachtet als Wagners treuester Gefolgsmann. Vor allem aber ist er sein Schwiegervater – in schrecklich komplizierten und schwierigen häuslichen Verhältnissen. Gewiß keine guten Voraussetzungen, das Feuer einer neuen Altersfreundschaft wieder anzufachen.

Durch Cosima wurde die immer schon problematische Freundschaft zu einer verqueren Dreiecksbeziehung. Cosima fesselte Liszt und Wagner aneinander und trennte sie zugleich; sie knüpfte das verwandtschaftliche Band zwischen beiden, wurde aber gleichzeitig zum Katalysator unbewältigter Konflikte und Rivalitäten. Da diese kaum offen auszutragen waren, wurden sie auf die Tochter bzw. die Frau umgeleitet, durchaus im Sinn eines Wettstreits auf künstlerischem wie auch erotischem Gebiet. Beide Sphären überschneiden sich hier. Denn daß Cosima nicht bloß das Ersatzobjekt für die Rivalitäten der Künstlerfreunde, sondern auch, sehr viel direkter, das Objekt *erotischer* Rivalität war, läßt sich an Wagners Verlustängsten und Alpträumen ablesen. Sie stand zwischen dem Ehemann, der dem Alter nach ihr Vater hätte sein können, und dem Vater, der zumindest in der

Phantasie des Ehemannes den Platz des erotischen Nebenbuhlers einnahm. Und als solcher drang er nicht nur in Wagners Träume ein, sondern löste er auch ganz real die vielen Eifersuchtsszenen aus, von denen Cosimas Tagebücher berichten – leidenschaftliche Ausbrüche Wagners, die, wie Cosima notiert, »mir bei jedem Wiedersehen des Vaters bevorstehen«. »R. in sehr gereizter Stimmung«, heißt es am 13. August 1877, »auf meinen Vater meinethalben eifersüchtig«. Es ist dieselbe Gereiztheit, die, wie der Wagner-Biograph Robert Gutman festgestellt hat, »Wagner zuweilen überkommen konnte, wenn Liszts Name fiel, wenn er seine Handschrift sah oder nur seinen Schritt hörte«. Gutman sieht die Ursache dafür in künstlerischen Problemen. Und sicher ist es kein Zufall, daß der heftigste Ausbruch von Wagners Eifersucht sich ausgerechnet an dem Tag ereignet, an dem er die Partitur der *Götterdämmerung* und damit, nach fast dreißigjähriger Arbeit, den gesamten *Ring des Nibelungen* vollendet. Cosima notiert an diesem 21. November 1874: »Dreifach heiliger, denkwürdiger Tag! Gegen die Mittagsstunde ruft mir R. hinauf, ich möchte ihm die Zeitungen hinabreichen; da er mir gestern geklagt, wie angestrengt er sei, und noch versichert, er würde erst Sonntag fertig, vermeinte ich, er könne vor Müdigkeit nicht mehr arbeiten, scheu wich ich der Frage aus; um ihn zu zerstreuen, warf ich ihm den eben erhaltenen Brief des Vaters hin ... Es läutet zu Mittag, ich treffe ihn, den Brief lesend, er verlangt Erklärungen von mir, ich sage ihm, was ich hierüber zu antworten gedenke, vermeide mit Absicht, auf das Partiturblatt zu blicken, um ihn nicht zu kränken. Gekränkt zeigt er mir, es sei vollendet, und sagt bitter zu mir: Wenn ein Brief des Vaters käme, sei alle Teilnahme für ihn, alles weggewischt – ich unterdrücke den Schmerz des Mittags, doch wie R. nachher die bittre Klage wiederholt, so muß ich in Tränen ausbrechen und weine noch jetzt, indem ich dies schreibe.« – Cosima kann, »vor Erschütterung«, wie es heißt, elf Tage lang das Tagebuch nicht weiterführen. Erschütterung über die Vollendung des großen Werks? Über die ihr widerfahrene Kränkung? Das wird nicht völlig klar. Sie fährt fort: »Daß ich unter Schmerzen mein Leben diesem Werke geweiht habe, erwarb mir nicht das Recht, seine Vollendung in Freude zu feiern.« Da haben wir wieder die eingangs erwähnte Leidensbereitschaft und Leidenssüchtigkeit Cosimas! An Wagner wiederum verwundert die eifersüchtige Überinterpretation dessen, was nach Cosimas Darstellung nur ein Mißverständnis war. Und man fragt sich, ob aus dieser Eifersucht auf Liszt womöglich auch Spuren eines virulenten Künstlerneids herauszulesen sind.

Künstlerneid will freilich zum Bild Wagners kaum passen. Thomas Mann hat ihn in seinem Aufsatz über den *Nibelungen-Ring* einen »großen Bewunderer« genannt, der in seiner letzten Lebenszeit allerlei Dichtungen und Musikstücke im Familienkreis vortrug – »unter beständigen Kommentaren, lobpreisenden Erörterungen und Charakteristiken von begeisterter Schlagkraft«. Zwar sei Wagner, solange sein Werk nicht vollbracht war, ein grandios-unbescheidener Propagandist seiner selbst gewesen, egozentrisch wie nur je irgendein Künstler, alle frühere Kunst von Bedeutung einzig auf sich beziehend, doch von der gleichzeitig mit ihm und neben ihm entstehenden Kunst kaum etwas gelten lassend. Aber das müsse man als eine höhere Form von Selbstverwirklichung und nicht als Ausdruck von Künstlerneid ansehen. Thomas Mann merkt an, daß der wahrhaft produktive Künstler erst im Alter, »nach getanem eigenen Tagewerk«, fähig werde zu unbefangener, »interesseloser« Anerkennung fremder Kunstschöpfung. »Das Lob, das er spendet«, heißt es, »braucht nicht mehr ihm selbst zu schmeicheln, ihn selbst zu bestätigen und zu verteidigen.« Aber so genau diese Feststellung auf Wagner zutreffen mag – Liszt, der gewiß ein produktiver Künstler von stärkster Energie war, mußte nicht erst alt werden, um die Fähigkeit zur Bewunderung zu erlernen – sein Verhältnis zu Wagner ist der schönste Beleg dafür. Für Wagner indes gilt, daß die Art, wie er unbeirrbar seinen Weg ging, bei aller Willenskraft und Dynamik, auch etwas Traumwandlerisches, Unwillkürliches, Zwangsläufiges hat. In seiner Jugend unterlag er gewiß allerlei Einflüssen: etwa von Beethoven, von Weber und Marschner, sogar von Rossini. Aber von den großen Zeitgenossen Berlioz,

Brahms, Verdi, Mussorgski übernahm er wenig oder nichts; er nahm sie, von Berlioz abgesehen, nicht einmal zur Kenntnis. Im wesentlichen erschuf Wagner sich selbst: eine große, ziemlich einsam stehende Erscheinung. Seine Konzeption vom musikalischen Drama ist ohne Vorbilder, ohne Vergleich und im Grunde auch ohne Nachfolge, trotz mächtigster Wirkung des *Komponisten* Wagner. Wo wäre da Platz für Künstlerneid?

Und doch gibt es ihn: im Verhältnis zu Liszt! Bekannt ist der Brief Wagners an Liszt vom 8. Mai 1859 aus Luzern, worin er ihm für die Widmung der *Dante-Sinfonie* dankt. In dieser Widmung nannte Liszt Wagner »seinen Meister« (*il mio maestro*), verglich sich selber mit Dante, Wagner aber mit Vergil. Wagner antwortet: »Doch will ich Dir wenigstens sagen, daß wir Deine in das Exemplar geschriebenen Widmungsworte doch hübsch unter uns behalten wollen; von mir wenigstens soll sie kein Mensch erfahren. Sie haben mich ganz positiv schamrot gemacht, glaub mir das! Wie jämmerlich ich mich als Musiker fühle, kann ich Dir gar nicht stark genug versichern; aus Herzensgrunde halte ich mich für einen absoluten Stümper. Du solltest mich jetzt nur manchmal so dasitzen sehen, wenn ich so denke, ›es muß doch gehen‹ – und dann ans Klavier gerate und einigen miserablen Dreck zusammengreife, um dann blödsinnig es aufzugeben. Wie mir da zumut ist –! Welch innige Überzeugung von meiner eigentlichen musikalischen Lumpenhaftigkeit.« – So der verzagte Welterschütterer, dem man nicht glauben möchte, daß er gerade über dem dritten Akt des *Tristan* sitzt. Thomas Mann hat diese Briefstelle im Zusammenhang mit Wagners – auch schon von Nietzsche konstatiertem – »geniehaften Dilettantismus« zitiert. Zwar nimmt er den Verfasser zunächst vor sich selbst in Schutz mit den Worten: »Das ist offenbare Depression, ungültig in jedem Wort« –, aber nicht ohne dann doch anzumerken, daß ein solcher Grad von depressiver Selbsterniedrigung »etwas Befremdendes und psychologisch Auffallendes« habe. Wagner, meint Thomas Mann, habe eben den Fehler gemacht, »sein Musikertum zu isolieren«, statt es *sub specie* seines Dichtertums zu betrachten und umgekehrt; so habe er sich notgedrungen als

Dilettanten, als musikalisch Zukurzgekommenen erkennen müssen.

Als objektives Urteil selbst nur über den *Komponisten* Wagner ist das sicher unhaltbar; als subjektive Selbsteinschätzung Wagners ist es dagegen sehr plausibel. Wagner fühlte sich in der Tat zuweilen »jämmerlich als Musiker«, blieb bis zuletzt unsicher in Fragen des musikalischen *métiers*, des ordentlichen Handwerks – weswegen ihm ja auch die meisten Gelegenheitskompositionen so gründlich mißlangen. Cosima zitiert ihn einmal mit dem Satz: »Mendelssohn würde die Hände über dem Kopf zusammenschlagen, wenn er mich transponieren sähe.« – Es ist daher wohl kein Zufall, daß Wagner seine desperate Selbstanklage gerade an Liszt adressiert, einen Musiker im Vollsinne des Wortes, der über alle die Fähigkeiten verfügt, die Wagner an sich vermißt. Und so fährt er denn auch in seinem Brief fort: »Und nun kommst *Du*, dem es aus allen Poren herausquillt wie Ströme und Quellen und Wasserfälle, und – da soll ich mir nun noch so etwas sagen lassen wie Deine Worte. Nicht zu glauben, daß dies völlige Ironie sei, fällt mir da sehr schwer, und ich muß Deine Freundschaft zu mir sehr voll und ganz mir zurückrufen, um zu glauben, Du habest Dich am Ende doch nicht über mich lustig machen wollen.«

Hier war also ein psychischer Knoten: in der neidvollen Bewunderung Wagners für eine anders gelagerte kreative Potenz, eine vielleicht zwar geringere, weniger vitale und durchschlagskräftige, dafür aber mühelosere, leichtfüßigere, vielseitigere, auch einnehmendere Begabung, für Liszt nicht nur künstlerisch, sondern auch persönlich und erotisch wirkende Kraft, kurz, für jenen Zauber, den Liszt, allen Zeugnissen zufolge, wo immer er erschien, um sich verbreitete und gegen den Wagner kein anderes Mittel wußte als – Liebe oder Haß. Und das führt nun wieder zurück in jene Sphäre, in der seine Alpträume sich bildeten. Überhaupt haben alle Beziehungen Wagners zu kreativen Menschen – und darin ist er der vollkommene Gegensatz zu Liszt – etwas Gespanntes und Unfreies, weil hier der Wunsch nach Selbstpreisgabe und der nach Unterwerfung des anderen einander widerstreiten. Haß und Liebe, Neid und Begehren, Minderwertigkeitsgefühl und Größenwahn: sie liegen in der Wagnerschen Psyche, wie auch in seinem Werk, nah beieinander, sind fast die zwei Seiten derselben Medaille. Im Werk läßt es sich beobachten nicht so sehr an den Wunschbildern von Wagners Phantasie: an Brünnhilde und Wotan, Hans Sachs und Siegfried, wie an seinen dämonischen Doppelgängern: Alberich und Mime, Klingsor und Beckmesser. In diesen Figuren erkennt man die gleiche seelische Dialektik von Anziehung und Abstoßung, die Wagner auch in vielen persönlichen Beziehungen bestimmte, in der Beziehung etwa zu Meyerbeer und Berlioz oder auch zu Nietzsche, in keiner aber so heftig, widerspruchsvoll und – ausweglos wie in der zu Franz Liszt.

Was sie zusätzlich kompliziert, ist der Umstand, daß Liszt unter seinen Zeitgenossen der einzige war, aus dem Wagner auch als Komponist seinen Profit zog, bei dem er geistige und stoffliche Anregungen fand, bei dem er sogar etwas lernen konnte – zum Beispiel als Harmoniker. Zwar war ihm der Kirchenkomponist Liszt suspekt, und auch mit der musikalisch-programmatischen Ästhetik von Liszts Symphonischen Dichtungen konnte Wagner sich nicht recht befreunden. Wenn er sich – was selten genug vorkam – in seinen Briefen oder – noch seltener – öffentlich über Liszt als Komponisten ausließ, dann durchweg mit befangener Umständlichkeit und noch im Lob so gewunden, daß die Distanz stets spürbar bleibt. Nur Liszts h-moll-Klaviersonate, seine *Faust*- und *Dante*-Sinfonien bewunderte er ohne Einschränkung als große Konzeptionen. Doch trug er wenig Bedenken, den großen Steinbruch des Lisztschen Werks nach brauchbaren Materialien zu durchsuchen, sich am schier unerschöpflichen Skizzenblick Lisztscher Entwürfe, Konzeptionen und Innovationen recht ungeniert zu bedienen. Aufschlußreich ist ein Brief Wagners an Bülow vom 7. Oktober 1859, wo es heißt: »So gibt es vieles, was wir unter uns gern uns zugestehen, z. B. daß ich seit meiner Bekanntschaft mit Liszts Kompositionen ein ganz andrer Kerl als Harmoniker geworden bin, als ich vordem war; wenn aber Freund Pohl dieses Geheimnis sogleich à la tête einer kurzen Besprechung des Vorspieles von Tristan vor aller Welt ausplaudert, so ist dies einfach mindestens indiskret, und ich kann doch nicht annehmen, daß er zu solcher Indiskretion autorisiert war?« – Soviel ist deutlich, Wagner war auch in kompositorischer Hinsicht der Nutznießer der Freundschaft: Liszts Schuldner einmal mehr. Und wenn diese »Schuld« ihn nicht bis in Alpträume hinein beschwerte, dann wohl deswegen, weil, wie Goethe sagt, »das Leben die Liebe ist, doch des Lebens Leben Geist« – und weil diese Form der Nutznießung zwar die Frage nach historischen Prioritäten nicht ausschließt, kaum aber mit den Begriffen des geistigen Eigentumsrechts erfaßt werden kann.

Immerhin fällt in Cosimas Tagebüchern einmal das Wort »Diebstahl«, wenn auch in humoristischem Zusammenhang: Wagner nennt da Liszts Symphonische Dichtungen *un repaire des voleurs*, einen »Schlupfwinkel der Diebe«, aus dem er vieles »gestohlen« habe. Daß Liszt bei dieser Äußerung mit am Tische sitzt, darf nicht verwundern: vor ihm konnte Wagner ohnehin nichts verbergen. – Wagner arbeitet zu dieser Zeit, im August 1878, am zweiten Akt des *Parsifal*, des Bühnenweihfestspiels, das Liszt nicht nur kompositorisch viel verdankt, sondern das auch in seiner ganzen Konzeption als »statisches« Sakralwerk eine eigentümliche Annäherung an den späten Liszt darstellt – Wagner begibt sich hier in den Bereich religiös inspirierter Musik. Der hellsichtige Nietzsche hat es bei der Lektüre der *Parsifal*-Dichtung sogleich wahrgenommen: »Eindruck des ersten Lesens: mehr Liszt als Wagner, Geist der Gegenreformation. . .« Wagner mokierte sich zwar über das »Pfaffengeplärr« von Liszts geistlichen Kompositionen: das Oratorium *Christus* von 1872 zum Beispiel nannte er »durchaus undeutsch« (was immer das bedeuten mag). Und doch hinterließ eine Aufführung des Werks, der er mit Cosima am 29. Mai 1873 in Weimar beiwohnte, bei ihm einen tiefen und bleibenden Eindruck – Cosima zitiert ihn mit den Worten: »Es ist die Formulation des Glaubens an die neue, ohne Glauben errichtete Ordnung der kirchlichen Dinge.« Eine faszinierende Bemerkung, die sich leicht auf den *Parsifal* übertragen ließe – mit dem Unterschied allerdings, daß Liszt seine »Religiosität ohne Glauben« durch die vertrauten Symbole und liturgischen Rituale eines barocken Katholizismus zu befestigen suchte, während Wagner als sein eigener Religionsstifter eines von allen jüdischen Ursprüngen »gereinigten« arischen Christentums auftritt. Aber auch die *musikalische* Faktur des *Parsifal* ist in Liszts Oratorium in oft verblüffender Weise vorgeformt: hier wie dort das Ineinander von Archaik und Moderne, archaisierende Kirchentonarten und unaufgelöste Dissonanzen, der abgeblendete Klang, das verschleierte dramatische Pathos, das auratische Moment einer erst in ihrem eigenen Nachhall aufklingenden, fahl tönenden Musik. Doch die Ähnlichkeiten sind nicht nur stilistischer Natur. Das Anfangsmotiv des *Parsifal* – Wagner hat Liszt wiederholt darauf aufmerksam gemacht – zitiert fast notengetreu Liszts Kantate *Die Glocken des Straßburger Münsters*, deren Uraufführung Wagner 1874 in Budapest hörte. Eine Huldigung des Bühnenweihfestspiel-Komponisten an den Meister spätromantisch-katholischer Sakralmusik? Oder eine unbewußte Reminiszenz? Letzteres wohl kaum. Während Wagner an der Verwandlungsmusik des ersten Aktes komponiert, notiert Cosima im Tagebuch (am 28. Dezember 1877): »R. arbeitet an dem ›Grals-Marsch‹, er hat die Kristallglocken gestrichen; er sah noch die ›Glocken v. Straßburg‹ des Vaters sich an, um zu sehen, ob er kein ›Plagiat‹ begeht.«

Wenn gesagt wurde, daß Wagner als Komponist Liszts Schuldner war, so muß allerdings offenbleiben, wie Liszt dieses Problem sah: ob auch er Wagner als seinen künstlerischen Schuldner, sich selbst aber als dessen Gläubiger betrachtete. Das ist hinter seinen Demutsgesten, dem selbstlosen Freundschaftsdienst, der unerschütterlichen Bewunderung für Wagners Werk (sie wuchs noch seit Liszts Bekanntwerden mit dem *Parsifal*) kaum zu erahnen. Unzweifelhaft jedoch ist, daß das Gefühl für das Unterschiedliche, Unzusammengehörige, Unvereinbare nicht allein ihrer Charaktere, sondern auch ihrer künstlerischen Eigenarten und Ziele – ein Gefühl, das Wagner nie völlig zu verdrängen ver-

mocht hatte –, im Alter auch bei Liszt immer deutlicher hervortrat, Distanz erzwang in künstlerischen Fragen und zuletzt das
Bedürfnis nach Selbstbehauptung weckte – gemäß der Tasso-
Devise: »Vergleiche dich! Erkenne, was du bist!« – Dafür gibt es
in Liszts Spätwerk einige Fingerzeige von abgründiger Ambivalenz. Liszt, bemerkte Sigfried Schibli, »scheint solchem Spielen
auf der Ebene subtiler Kennerschaft nicht abgeneigt gewesen zu
sein«. Ein besonders aufschlußreiches Beispiel dafür ist Liszts
kleine Komposition *Am Grabe Richard Wagners*: Grabgesang und
Huldigung für den in Venedig verstorbenen Freund, von Liszt
datiert auf den 22. Mai 1883, Wagners siebzigsten Geburtstag. Sie
beginnt mit dem durch übermäßige Dreiklänge verzerrten
Anfangsmotiv aus *Parsifal* (oder, wenn man so will, mit einem
Selbstzitat Liszts aus den *Glocken des Straßburger Münsters*) und
klingt aus mit den Glockenquarten der *Parsifal*-Verwandlungs-
musik (die Liszt übrigens auch ein Jahr zuvor in seiner Geburts-
tagsdepesche an Wagner im Notenbild zitiert). Auf das Manu-
skriptblatt schrieb Liszt: »Wagner erinnerte mich einst an die
Ähnlichkeit seines Parsifal-Motivs mit einem früher geschriebenen – ›*Excelsior* – (Einleitung zu den *Glocken von Strassburg*)‹.
Möge diese Erinnerung hiermit verbleiben. Er hat das Große
und Hehre in der Kunst der Jetztzeit vollbracht.« – Zweideutige
Sätze! Indem sie Wagners Größe beschwören, erinnern sie
zugleich an sein kompositorisches Abhängigkeitsverhältnis von
Liszt – in einem Huldigungswerk an einen Verstorbenen, wie
Schibli schreibt, »höchst bedenklich«. – Aber war es so zweideu-
tig gemeint? Oder spielt hier sein Unterbewußtes Liszt einen
Streich? Sollen wir darin den Versuch der Selbstbehauptung
sehen? Oder nicht doch eher Selbstpreisgabe im symbiotischen
Verschmelzungswunsch?

Eine andere merkwürdige Komposition des späten Liszt ist
seine *Parsifal*-Klavierparaphrase *Feierlicher Marsch zum Heiligen
Gral* von 1882, die wieder auf die Verwandlungsmusik des ersten
Aktes Bezug nimmt. Anders aber, als es der volltönende Titel
verheißt (und Wagners Vorlage erwarten läßt), handelt es sich
hier um eine höchst karge und ausgezehrte, allen Klangzauber

und kompositorische Raffinesse verleugnende, gleichsam abgestorbene Komposition von der Feierlichkeit allenfalls einer fahlen *pompe funèbre* – der Liszt-Forscher Gerhard J. Winkler nennt sie sogar eine »*Parsifal*-Satire«. Ihr gänzlich unapotheotischer Charakter wirft ein Licht auf die Tatsache, daß selbst noch der *Parsifal*-Musik mit ihrem verhängten Kolorit und entsagungsvoll gepreßten Ton ein Moment kompositorischer und gesellschaftlicher Affirmation innewohnt, dessen sich Wagner, dieser Klingsor unter den Komponisten, übrigens bewußt war. Cosima zitiert am 27. Dezember 1877 – Wagner arbeitet am Gralsmarsch – seine scherzhafte Bemerkung, er ginge nächstes Jahr nach Marienbad oder Ems, um ihn dort zu hören: »Das sei der rechte Bademarsch.« Man könnte daraus sogar eine Anspielung auf Reichsgründung, deutsch-französischen Krieg und Emser Depesche herauslesen. Gegen solche Kunst falscher Entsagung und heimlicher Verführung – wie sie auch Nietzsche in scharfer Polemik beschrieben hat – setzt Liszt in seiner Paraphrase die ausgezehrten Floskeln seines späten, harmonisch brüchigen, formal dissoziierten Klavierstils: radikale Absage an die Kunstreligion.

Seine Zeitgenossen, Wagner eingeschlossen, standen allerdings verständnislos vor diesen Kompositionen, sahen darin nur Zeugnisse verfallender kompositorischer Kraft, nicht zugleich die Vorklänge einer noch fernen musikalischen Zukunft; Wagner bezeichnete sie sogar, Cosimas Tagebuch zufolge, als »keimenden Wahnsinn«, und es ist weniger vertuschend als erhellend, daß der folgende Satz in dieser Eintragung vom 29. November 1882 von fremder Hand unkenntlich gemacht worden ist. Wagners böse Bemerkung verrät nicht nur etwas über die gereizte Stimmung dieser letzten gemeinsamen Wochen in Venedig, sondern zeigt auch die inzwischen unüberbrückbar gewordene künstlerische Distanz: hier, bei Wagner, verfeinertes kompositorisches Raffinement, dort, bei Liszt, eine sklerotische Simplizität, hier das Festhalten an der Geschlossenheit des Kunstwerks, dort die Askese, die allem falschen Glanz der Kunst entsagt. Damit geriet Liszt in ein musikalisches Niemandsland –: von seinen späten Kompositionen wollte man mehr als ein halbes Jahrhundert lang nichts wissen. Aber auch sein übriges Werk, ungeheuer umfangreich, vielfältig und disparat, bewahrte ihn einstweilen nicht vor dem Schicksal des Außenseiters: mit seiner Weltlichkeit und Weitläufigkeit, seinem romantisch-katholischen Erotizismus, seiner mißverständlichen Programm-Ästhetik war er im Wagner-Lager bald ebenso verschrien wie bei den Anhängern etwa von Brahms – sofern man ihn nicht von vornherein in die Sphäre des Salons verwies. Wagners Schatten überlagerte für lange Liszts Gestalt, die in ihren Umrissen erst langsam wieder sichtbar wurde, als jene Generation auf den Plan trat, die Wagner abschwur und den Experimentator Liszt für sich entdeckte. Busoni machte sich zu ihrem Sprecher mit den Worten: »Im letzten Grunde stammen wir alle von ihm – Wagner nicht ausgenommen – und verdanken ihm das Geringere, das wir vermögen. César Franck, Richard Strauss, Debussy, die vorletzten Russen insgesamt, sind Zweige seines Baumes.« Man könnte hinzufügen, daß diesem Baum seither immer neue Zweige wachsen. Das allerdings hätte sich Wagner auch in seinen schlimmsten Alpträumen nicht vorstellen können. Die realen Alpträume, die ihn beschwerten, hatten mit Cosima zu tun und mit seiner Eifersucht auf den Freund und Schwiegervater. Dieser starb, drei Jahre nach Wagner, am 31. Juli 1886, während der Bayreuther Festspiele, zu denen er trotz seines hohen Alters und trotz Krankheit gereist war. Cosima dachte nicht daran, das Programm umzustoßen; kein Schatten durfte auf die Festspiele fallen. Und kein Ton Lisztscher Musik erinnerte an den großen Toten – sogar bei seiner Totenmesse erklangen Themen aus *Parsifal*. In Bayreuth liegt Liszt auch begraben, nicht in Wagners und Cosimas Nähe hinter der Villa Wahnfried, sondern abseits auf dem alten Stadtfriedhof, nahe Jean Paul.

Der andere Wagner

Richard Wagner in den Tagebüchern Cosimas

Über keinen Künstler der deutschen Kulturgeschichte – Goethe eingeschlossen – ist so viel geschrieben worden wie über Richard Wagner. Mehr als hundert Jahre hat sich eine faszinierte Mit- und Nachwelt mit dieser Künstlerfigur auseinandergesetzt: mit seinem Werk, das zu den großen Hervorbringungen der europäischen Kulturgeschichte gehört, und mit seiner widerspruchsvollen Person, in der ein neuer, moderner Künstlertyp erstmals in Erscheinung trat. Wagners Wirkung in diesen hundert Jahren ist selber bereits ein großes kulturgeschichtliches Kapitel. Auch andere Künstler seiner Epoche wie Ibsen, Flaubert, Brahms und Verdi – um ganz unterschiedliche zu nennen – haben eine tiefgreifende Wirkung ausgeübt. Was Wagner von ihnen unterscheidet, ist, daß die Beschäftigung mit ihm niemals den Künstlern und Fachgelehrten allein überlassen blieb. Brahms und Verdi etwa, Künstler durchaus der Wagnerschen Größenordnung, haben zwar immer ihr Publikum gehabt (und eher ein größeres als Wagner), aber über ihre Aktualität wird doch seit langem hauptsächlich akademisch diskutiert, – sofern nicht einfach ihre Musik gespielt wird. Wagner hingegen fordert stets auch die reflektierende Auseinandersetzung heraus, er hat immer wieder erbitterte Kontroversen entfesselt und blieb jederzeit, und zwar in breitester Öffentlichkeit, gegenwärtig und aktuell. Nicht zuletzt das ist der Grund für seine vergleichslose, wenn auch überwiegend verhängnisvolle geschichtliche Fernwirkung mit allen ihren bekannten politischen Implikationen.

Wagners Aktualität, – das ist natürlich vor allem die Aktualität seines Werkes. Jede Generation muß sich damit aufs neue auseinandersetzen, ihren eigenen Zugang finden, neue Modelle der Interpretation entwickeln. Einer früheren, national bewußteren Generation waren Werke wie *Lohengrin* und *Meistersinger*, einer anderen wiederum *Tristan und Isolde* besonders wichtig. Heute sieht man eher in *Tannhäuser* und *Parsifal* und im *Ring des*

96

Nibelungen die interessanten, weil vieldeutigen Werke. Eines wird Wagners Werk jedenfalls nicht so bald widerfahren: daß es seine Faszination verliert und zum bloßen Bildungsgut erstarrt.

Wie aber steht es mit Wagners Person, seiner individuellen Erscheinung? Die biographische Literatur ist kaum noch zu überblicken. Wird sich da das Wagner-Bild, von Retuschen im Detail abgesehen, überhaupt noch wesentlich verändern können? Das hängt natürlich davon ab, welches Bild von Wagner man hat. Es gibt viele, zum Teil scharf kontrastierende Bilder: das weniger auf Kenntnissen als auf Vorurteilen beruhende Bild einer breiteren Öffentlichkeit, der Wagner als egozentrischer Propagandist des eigenen Ruhms erscheint, charakterlos und antisemitisch, chauvinistisch und germanophil; oder das Bild vom Erlöser und Propheten der Kunstreligion, das Wagner selber und später seine Gemeinde zeichneten; das Bild Thomas Manns, der Wagner einen »ins Geniehafte gesteigerten Dilettanten« nannte; oder auch das Bild Nietzsches, der Wagner als »die Heraufkunft des Schauspielers in der Musik« und Inbegriff der *décadence* beschrieb. Vermutlich ist unser Wagner-Bild aus allen diesen einzelnen Bildern zusammengesetzt, und erst in der Summe ergibt sich jene »unentwirrbare Mischung aus Ehrgeiz, Ideologie und Vollendung«, von der Pierre Boulez gesprochen hat. Was aber wäre hier wirklich neu zu entdecken? Was könnte unser Wagner-Bild verändern? Und wo wäre das Dokument, das uns zwänge, unsere Urteile und Vorurteile über Wagner zu revidieren?

Man übertreibt nicht, wenn man sagt, daß dieses Dokument vorliegt: die Tagebücher Cosima Wagners, Richards zweiter Frau, Tochter Franz Liszts und der Gräfin d'Agoult. In den Jahren von 1869 bis 1883, dem Jahr von Wagners Tod, schrieb sie, gewissenhaft und akribisch genau, auf fünftausend engbeschriebenen Seiten die Chronik ihres vierzehnjährigen Zusammenlebens mit Richard. Diese Tagebücher, rund hundert Jahre nach der Niederschrift und nach einer wechselvollen Geschichte mit unklaren Rechtsverhältnissen und langfristigem Publikationsverbot veröffentlicht, bieten eine Fülle von neuen und überraschenden Erkenntnissen über Wagners Person und Leben, sein Denken und Tun, sein Werk und seine Pläne. Und sie eröffnen enorm ergiebige Einblicke in die politischen, gesellschaftlichen und kulturellen Konstellationen seiner späten Zeit, der Gründerzeit. Das macht sie, wieder ohne Übertreibung, zu einer kulturhistorischen Sensation.

Freilich sind sie eine mühsame und langwierige Lektüre, die sich über mehr als zweitausendzweihundert Druckseiten hinzieht. Die rund fünftausend Einzeleintragungen zwischen dem 1. Januar 1869 und dem 12. Februar 1883 sind, bei aller inneren Vielfalt, auch von ermüdender Gleichartigkeit. Cosima notiert Tag für Tag die großen und kleinen Geschehnisse im Hause Wagner, die alltäglichen Probleme ebenso wie die großen Gespräche über Kunst, Politik und Geschichte, – übrigens in klarer, unprätentiöser Sprache, wie überhaupt die Tagebücher auf jeder Seite die bemerkenswerte Bildung und hohe Intelligenz der Autorin belegen. Innerhalb weniger Zeilen lesen wir über die Vergnügungen der Kinder, die Krankheiten der Haustiere und Richards enthusiastische Exkursionen zu Calderón, Beethoven und Shakespeare. Wenn etwas sich nur auf Wagner bezieht, unterscheidet Cosima nicht zwischen dem »Nebensächlichen« und dem »Bedeutenden«. Und so entsteht hier das Bild eines strengen, ernsten, immens fleißigen, ungeheuer vielseitigen Künstlers, den es umtrieb und der ständig unter produktiver Hochspannung stand.

Ein neuer Richard Wagner also? Das wäre denn doch zu hoch gegriffen. Denn immerhin haben wir sein Werk, das den ganzen Wagner enthält. Und somit war auch dieser Wagner, der jetzt ans Licht tritt – nennen wir ihn den »anderen« Wagner –, bisher nicht völlig unbekannt. Aber niemals zuvor ist dieser andere Wagner, der eben nicht nur Macht und Erfolg suchte, sondern in den entscheidenden Dingen unbestechlich blieb, der nicht nur geliebt werden wollte, sondern selber stark und ausdauernd liebte, der sich selber viel weniger bewunderte als andere, ja der geradezu ein Genie aufrichtiger und hingebender Bewunderung war, – niemals zuvor ist dieser andere Wagner so plastisch und klar sichtbar geworden wie in diesen klugen, uneitlen, auch unstilisierten Tagebüchern Cosimas.

Cosima verstand sich Wagner gegenüber als Dienende. Sie liebte ihn heftig und absolut und mit einem Hang zur Bußfertigkeit, als müsse sie für dieses eine große Glück jedem anderen entsagen.

Cosima entschädigte sich damit für all das Schwere und Bittere, das in ihrem Leben vorausgegangen war. Seit Beginn ihrer Existenz war sie von Skandal umgeben: sie war das uneheliche Kind aus einer romantisch-freien Liebesbeziehung zwischen Franz Liszt und der Gräfin d'Agoult. Der Vater Franz Liszt vernachlässigte Cosima als Kind fast absichtsvoll, ihrer Mutter wurde sie nach dem Bruch der Beziehung entfremdet, später erhielt sie eine streng katholische Erziehung. Daß sie zu ihrem Vater nie mehr ein inniges oder auch nur herzliches Verhältnis gewinnen konnte, belegt das Tagebuch. Den ungemein schwierigen, gefährdeten, dabei hochbegabten Bülow heiratete sie aus Hilflosigkeit und Schwäche. Die Ehe war nicht glücklich, von Anfang an, schon vor ihrer Beziehung zu Wagner unternahm sie Ausbruchsversuche. Wagner hatte sie auf ihrer Hochzeitsreise, im Zürcher Haus der Wesendoncks, kennengelernt. Als Wagner später von König Ludwig nach München gerufen wurde, brach die Ehe zwischen Cosima und Hans von Bülow rasch auseinander. Ihr drittes Kind, das im April 1865 geboren wurde, war in Wirklichkeit schon das Kind Richard Wagners. Eine grausame und paradoxe Situation: Während im Frühjahr 1865 in München die Uraufführung von »Tristan und Isolde« vorbereitet wird, ist der alternde Komponist in die Rolle Tristans geschlüpft; Bülow, dem der Part des Marke zufällt, führt das Werk am Dirigentenpult zum Erfolg. Die Münchener Karikaturisten haben die Ähnlichkeit der beiden Ehetragödien mit vertauschten Rollen, der fiktiven und der realen, genüßlich dargestellt. Der Skandal aber haftete wieder an der Tochter Franz Liszts, der man die Isolde übelnahm.

Man muß dies so ausführlich erwähnen, weil es zu den

Voraussetzungen der späteren Beziehung zwischen Cosima und Richard gehört, auch der Rolle, die Cosima darin übernahm. In der Münchener Zeit mochte sie sich auch selbst ein wenig als Isolde gefühlt haben: »Da war keine Spur von Goethe-Stein'schem Verhältnis, da war alles blutig«, sagt Richard zu ihr. Später, als die Ehe mit Bülow gelöst, Wagner durch den Tod seiner ersten Frau Minna freigeworden war, wollte Cosima nur noch die dienende Kundry sein. Wagner erwiderte ihre Liebe als ein zärtlicher, hingebungsvoller Ehemann. An hundert Stellen gibt das Tagebuch Zeugnis von der Verehrung und Dankbarkeit, die er Cosima entgegenbrachte, – im hohen Alter nicht anders als in der ersten Zeit ihres vierzehnjährigen Zusammenlebens. Nur das »Nonnenhafte« an ihr schätzte er weniger, seine Liebesfähigkeit und -kraft mochte sich mit der Vaterrolle nicht begnügen. »Hast du denn noch einen Körper?«, fragt der Fünfundsechzigjährige einmal seine um vierundzwanzig Jahre jüngere Frau. Aber viel mehr erfahren wir nicht über dieses Thema aus dem Tagebuch, in dem andere Frauen keine Rolle spielen, Minna Wagner und Mathilde Wesendonck nur Schatten der Vergangenheit sind. Nur einmal verrät sich Cosima (und auch hier, ohne Namen zu nennen), als sie im Februar 1878 von Wagners heimlichem Briefwechsel mit Judith Gautier erfährt. Doch auch dieser Schmerz war bald niedergekämpft, vermochte die einzigartige Beziehung nicht zu gefährden. Wagner beteuert immer wieder, daß er erst durch Cosima zu ruhiger Arbeit und steter Produktivität gefunden habe. Und sie schreibt, nicht ohne das Bewußtsein eigener Verdienste, ins Tagebuch: *Meistersinger, Ring des Nibelungen*, Märsche, Gesammelte Schriften, *Parsifal*, Wahnfried, Festspiele, Biographie haben »wir« in vierzehn Jahren zustandegebracht. Noch am Tag vor seinem Tod umarmt Richard sie mit den Worten: »Alle 5000 Jahre glückt es!«

Wenn es hieß, ein anderer Wagner trete hier ans Licht, so heißt das nicht, daß die dunklen Stellen in seinem Charakter und Denken ganz verschwunden wären. Im Gegenteil, – wer hier suchen will, der wird reichlich finden. Er wird nicht müde, auf

»Juden, Jesuiten und Journalisten« zu schimpfen. Eine andere Zusammenstellung alles ihm Verhaßten ist: Juden, Ultramontane, Sozialisten. Kein Zweifel, auch das Tagebuch Cosimas bestätigt, was man schon wußte: daß der Revolutionär von 1848 später zum wütenden Antidemokraten wurde. Gleichwohl empfand er sich als Freund des Volkes. Doch sein Begriff vom Volk ist völkisch. Während des Krieges von 1870/71 fällt Wagner in einen gehässigen, antifranzösischen Chauvinismus: er möchte Paris brennen sehen. Das läßt sich nicht allein mit den schlimmen Erfahrungen seiner Pariser Hungerjahre erklären. Hier ist vielmehr die aggressive, durch Innerlichkeitskult verbrämte deutsche Ideologie späterer Jahrzehnte gefährlich genau vorgebildet.

Einige Jahre später ist der nationalistische Rausch wieder abgeklungen. Von der Politik Bismarcks ist Wagner enttäuscht. Heftig kritisiert er die Entwicklung des Reichs unter Preußens Führung (»Deutschland ist ein bis an die Zähne gewappneter Bettler. Es ist nicht gut, uns auf der Straße zu begegnen.«), greift die Sozialistengesetze an, die ihm »kindisch und geistlos« erscheinen, wettert gegen die Reaktionäre (»Nur verbieten können sie, nie fällt ihnen etwas andres ein«) und verteidigt mit grimmiger Konsequenz die Pariser Commune und die Terroranschläge russischer Nihilisten: ». . . Gespräch über den Sozialismus . . . R. betont, daß die Kraft dieser Bewegung nur in der Zerstörung liegen könne, alles Konstruktive sei immer kindisch, und man fände immer den Menschen wieder, wie er ist und von je gewesen ist . . . er wolle schon froh sein, wenn in unserer Gesellschaft noch so viel Kraft läge, das Bestehende zu vernichten, man habe aber an der Commune in Paris gesehen, wie kläglich mühsam dies Vernichten vor sich gehe; und nur dann nicht von Kunst sprechen, völlige Barbarei müsse dann eintreten, und er gebe sich und seine Werke gern da mit preis, aber nur ein furchtbarer Ernst und Fanatismus könne da etwas wirken, alles übrige sei Kinderei, auch vergäße man stets den Landmann, den Bauer, der sei konservativ. Mit größter Wärme und Erregung spricht er hierüber, alles Kleinliche, Optimistische von sich weisend . . . Leider erregt meine Äußerung, daß die Nihilisten dem Volke ferner stünden als wie der Zar, sein heftiges Mißfallen. Wie ich meine, daß diese Verschwörer keine Berechtigung hätten, im Namen der Bauern aufzutreten, ruft R. aus: ›Berechtigung! Hat denn der Zar Berechtigung? Hier handelt es sich um Kräfte, um Recht als Jus, Kraft, wie die Römer es nannten; seitens der Herrschenden gibt es keine Kraft, seitens dieser Verschwörer aber eine‹.«

Es wäre falsch, aus solchen Äußerungen zu schließen, Wagner habe in seinen letzten Lebensjahren eine zweite politische Wende vollzogen. Denn er spricht auch jetzt vom »konstitutionellen Unsinn«, am Wort »sozialdemokratisch« mißfällt ihm das »demokratisch«, auch gegen die Unterdrückung der Sozialisten hätte er ernstlich nichts einzuwenden, wenn nur die »rechten Mittel« angewendet würden. Vor allem aber ist da sein immer heftiger werdender Antisemitismus, er gehört zu Wagners finsteren Obsessionen und geht wie eine fixe Idee durch das Tagebuch, und zwar in besonders bösartiger und widerwärtiger Weise. Daß er unter Juden viele seiner aufrichtigsten Verehrer hat, spielt für ihn keine Rolle. Sein dualistisches Weltbild kennt im Grunde nur Freunde und Feinde, Gute und Böse, Deutsche und Juden. Einen Deutschen tadelt er oft, einen Juden lobt er nie. Er begrüßt das Auftreten von antisemitischen Agitatoren wie Pastor Stoecker und Bernhard Förster, er empfindet sich als ihr Vorläufer, wenn er sich auch weigert, ihre Aufrufe zu unterzeichnen. Einmal sagt er (18. Dezember 1881), »es sollten alle Juden in einer Aufführung des Nathan verbrennen«. Cosima nennt dies einen »heftigen Scherz«, uns will er unheimlich erscheinen. Nein, die These, nicht Wagner selbst, sondern seine Erben seien die Quelle des Bayreuther Antisemitismus, wird durch die Tagebücher eindeutig widerlegt.

So stehen beim alten Wagner die Widersprüche offen und unversöhnt nebeneinander. Vielleicht lag es an der Enttäuschung über die politische Entwicklung, über das, was Nietzsche in den siebziger Jahren »die Niederlage, ja die Exstirpation des deutschen Geistes zugunsten des deutschen Reiches« nannte.

Unverkennbar sind Züge von Groll, Bitterkeit und schärfster Unduldsamkeit, aber auch von Weltentsagung, Abgeklärtheit und einer Art höherer Heiterkeit. Eine merkwürdige Verbindung, in der die alte Neigung zum Selbstmitleid sich nur noch sarkastisch äußert und die zuletzt ein durchaus ironisches Weltverhältnis begründet. Am 18. März 1880 notiert Cosima den Ausruf Richards: »Nicht eine Illusion habe ich mehr!... ich kam in die elendste Zeit, welche Deutschland je erlebt, mit diesem Sauhetzer« (das ist Bismarck) »an der Spitze. Nun habe ich es zu Stande gebracht, kein Mensch in der Kunstgeschichte hat das vollbracht, das große Theater zu bauen, die besten Künstler, die wir haben, durch die Macht meiner Persönlichkeit zu berufen und eine derartige Aufführung zu Stande zu bringen. Was war der Erfolg davon? Bä! Bä! Ich dachte, sie würden einfach das Defizit mir zahlen, – ja, sie kamen, die Frauen mit ihren Schwänzchen angewackelt, die Männer mit ihren Schnurrbärten, haben sich amüsiert, und da Kaiser und König dabei waren, so frägt man sich: Mein Gott, was will denn Wagner mehr? Will er noch mehr? –«

Beim Lesen der Tagebücher wächst das Verständnis für Wagners schwierige Psyche. Und es stellt sich so etwas ein wie einfühlende Sympathie: sogar die monomanischen Züge werden begreiflich. Denn der bittere Sarkasmus der letzten Jahre, hinter dem sich die Enttäuschung verbirgt, daß das Bayreuther Festspiel nicht zum demokratischen Volkstheater wurde, muß gemessen werden an den heroischen Anstrengungen, mit denen Wagner lange Jahre für diese Festspiele gekämpft hatte. Am 28. Juli 1871 – Wagner arbeitet am 2. Akt der *Götterdämmerung*, an die Uraufführung des *Ring* ist noch nicht zu denken – lesen wir: »Ich verfluche dieses Musizieren, diesen Krampf, in den ich versetzt bin, der mich mein Glück gar nicht genießen läßt... dieses Nibelungen-Komponieren sollte längst vorüber sein, es ist ein Wahnsinn, oder ich müßte gemacht sein, wild wie Beethoven; es ist nicht wahr, wie ihr euch einbildet, daß dies mein Element ist; meiner eigenen Bildung zu leben, meines Glückes mich zu erfreuen, das wäre mein Trieb... ich sollte zuerst die Tausende von Klüften füllen, die mich und meine Kunst von der jetzigen Menschheit trennen; woher meinen Hagen nehmen mit dieser hallenden protzigen Stimme; die Kerle, die solche Stimmen haben, sind dann Dummköpfe. Ach, es ist ein Unsinn. Idylle, Quartette, das möchte ich gern noch machen. Und dazu diese ein Thaler Agitation zur Aufführung der Nibelungen!«

Das ist die aufrichtige und allzu begreifliche Künstler-Verzweiflung eines Mannes, der, nicht aus Größenwahn, sondern aus innerem Zwang, an einem Siebzehn-Stunden-Werk für das Musiktheater arbeitet, aber keine Aufführungsmöglichkeiten dafür sieht. Verzweiflung ist für Wagner ein vertrauter Zustand. Ein fünfzehnjähriges Exil als politischer Flüchtling liegt noch nicht lange hinter ihm, eine Zeit höchster Produktivität – *Tristan*, *Rheingold*, *Walküre* und zwei Akte von *Siegfried* fertig komponiert in der Schublade –, aber auch eine Zeit äußerer Erfolglosigkeit. Jetzt, 1871, geht es ihm besser, er muß nicht mehr um Anerkennung kämpfen, er ist ein zwar viel angefeindeter, aber auch viel gefeierter Komponist. Doch jetzt ist er im Begriff, sich auf das Bayreuther Abenteuer einzulassen, selber ohne Geld, angewiesen auf die Unterstützung Ludwig II., die er nur zähneknirschend annimmt. Und dennoch widersetzt er sich erbittert den Aufführungen von *Rheingold* und *Walküre*, der vollendeten Teile der unvollendeten Tetralogie, am Münchener Theater. Er will sie nur als Ganzes auf der Bühne sehen: welche Unerbittlichkeit auch gegen sich selbst.

Dabei bleibt dieser zerrissene, oft verzweifelte, ständig von quälenden Krankheiten heimgesuchte Mann im Grunde seines Wesens heiter und zuversichtlich. Er konnte sogar selbstironisch sein, eine Eigenschaft, die man bei ihm am wenigsten vermutet. *Diesen* Wagner kennen wir fast überhaupt nicht. Wie hat sich unser Bild einseitig zum angestrengt Monumentalen hin verschoben, wenn wir ihn uns, am Klavier sitzend und den Kindern »zwischen höchstem Ergötzen« Rossinis Ouvertüre zur *Diebischen Elster* vorspielend, fast nur als Karikatur vorstellen können. Ganz zu Unrecht im übrigen, denn er schätzte Rossini, diesen »sonderbar Begabten«. Über den Skizzen zum dritten *Siegfried*-

Akt bemerkt er: »Diese dementarischen Murksereien (Wotan heranbrausend) mag ich gar nicht mehr.«

Wie passen diese Züge, die man vom späten Goethe kennt, zu Wagner und seiner angeblich schwerlastenden, motivgepanzerten Kunst? Wagners Humor ist ein Kapitel für sich. Es ist ein kräftiger Humor, der sich – darin Hans Sachs nicht unähnlich – auf eine positive Teilnahme am Leben richtet. Cosima hält Richards Bemerkung fest: »Wenn ein Mensch mit der Sicherheit der Wahrhaftigkeit verführe, nicht links und rechts sähe, so könnte man ihm eigentlich nichts anhaben, und er wäre so sicher vor den Menschen wie das Vogelnest vor dem stärksten Sturmwind. Das Wort Christus': ›Sorget euch nicht, der Vater, der die Lilien bekleidet, die Haare auf eurem Haupte zählt, den Sperling auf dem Dache beschützt, wird auch für euch sorgen‹, sei schwer zu verstehen, aber von tiefer Wahrheit; der Mensch, der wahrhaftig nur seiner einen Bestimmung lebt, hat sich um nichts zu sorgen. In der Siegfried-Sage und in dem kleinen Däumling-Märchen habe das Volk den Typus eines solchen sicheren Menschen ausgeprägt.«

Wagner hatte einen scharfen und durchschauenden Blick für Dinge und Menschen. Es gibt im Tagebuch eine merkwürdige, den jungen Nietzsche betreffende Stelle; Cosima schreibt da am 11. Mai 1871: »Ich erfahre ..., daß Professor Nietzsche seinen Homer, den er mir gewidmet hatte, mit demselben Gedicht nun auch seiner Schwester gewidmet hat. Ich muß zuerst darüber lachen, dann aber, mit R. darüber sprechend, hier einen bedenklichen Zug, wie eine Sucht des Verrats, gleichsam um sich gegen einen großen Eindruck zu rächen, erkennen.« Nietzsche ist damals siebenundzwanzig Jahre alt und noch ganz im Banne Wagners. Und so erscheint denn auch Wagners Interpretation dieser an sich harmlosen Handlung Nietzsches unangemessen, sie klingt auch ein wenig beleidigt. Aber wenn man sich erinnert, wie Nietzsches Verhältnis zu Wagner sich entwickelte, wie er in der Tat, aus welchen Gründen auch immer, Wagner »verriet« und den größten Eindruck seiner Jugend zu vernichten suchte, dann erscheint Wagners Bemerkung doch auch prophetisch und unheimlich hellsichtig.

Diese Hellsicht hatte Wagner übrigens auch für sich selbst. Sogar Einsichten, die späteren Generationen vorbehalten schienen, wie Thomas Manns Bemerkung vom »geniehaften Dilettanten« oder Nietzsches scharf kritische vom »Schauspieler-Instinkt«, der in Wagner wirksam sei, sind bei ihm selbst vorweggenommen: »Ich habe wieder über den Mimen, den Dichter u.s.w. nachgedacht und selbst auf den Skizzen etwas darüber notiert. Der Improvisator wie der Mime muß ganz dem Augenblick angehören, an das, was nachkommt, gar nicht denken, ja, es gleichsam nicht kennen. Das Eigentümliche meiner Kunst zum Beispiel ist, daß ich jede Einzelheit als Ganzes betrachte und mir nicht sage, da dies oder jenes nachfolgen wird, mußt du es so und so machen, etwa so und so modulieren, ich denke, das andre wird sich schon finden, anderswie wäre ich verloren; und doch weiß ich, daß ich unbewußt einem Plan gehorche. Das sogenannte Form-Genie hingegen überlegt sich: ›Dies und jenes folgt, so muß ich so und so machen‹, und macht es mit Leichtigkeit.«

Genauer läßt es sich nicht sagen. Was Wagner hier das »Form-Genie« nennt und vom »Mimen« und »Improvisator« unterscheidet, ist jener Künstlertyp à la Mendelssohn und Bizet, den der späte Nietzsche dem »Schauspieler« Wagner entgegensetzte. Nietzsche schreibt in »Der Fall Wagner«: »Das Schöne hat seinen Haken: wir wissen das. Wozu also Schönheit? Warum nicht lieber das Große, das Erhabene, das Gigantische, das, was die Massen bewegt? . . . Man greift es mit Händen: der große Erfolg, der Massen-Erfolg ist nicht mehr auf der Seite der Echten – man muß Schauspieler sein, ihn zu haben.« Bei Wagner lesen wir nun: »Ich möchte wohl, es käme ein solches Theatergenie . . . allein das Publikum würde ihn nicht verstehen . . . In Deutschland muß man die große Glocke schwingen, wie ich es tue, auf den Deutschen wirkt nur das Erhabene, und ist bei uns die Musik das einzige Arcanum.«

Das erstaunlichste, faszinierendste Kapitel der Tagebücher sind Wagners weitausgreifende Kunstgespräche. Hier kommt man so bald nicht an ein Ende. Es verschlägt einem den Atem, was allabendlich im Hause Wagner – meist von Richard, mitunter auch von Cosima – alles gelesen, das heißt vorgelesen wurde: Dramen von Shakespeare und Calderón, große Kapitel aus *Don Quichote* oder Homer, aus *Wahlverwandtschaften* oder *Wilhelm Meister*, dann wieder Laurence Sterne und Walter Scott, Schiller und Kleist, E.T.A. Hoffmann und Tieck. Aber auch Historisches, Kunsttheoretisches, Religionsphilosophisches. Die Lesegewohnheiten werden auch auf den ausgedehnten Reisen durch Italien, in Palermo, Neapel, Siena und Venedig, beibehalten: ein ständiger Umgang mit den Geistern ersten Ranges von der Antike bis zur Neuzeit.

Auf den ersten Blick könnte es scheinen, als habe Wagner die Literatur der eigenen Epoche vernachlässigt. Doch stellt man die Namen der Schriftsteller zusammen, die er nach dem Zeugnis Cosimas gelesen hat, sind alle großen Zeitgenossen vertreten: Flaubert und Victor Hugo, Gogol und Turgenjew, Hawthorne und George Eliot, Gottfried Keller und Hebbel. Wagner liest sie mit dem sicheren Gespür für Qualität, kaum ein Urteil wäre heute zu revidieren. Da man weiß, daß er ein fesselnder, genialer Interpret war, daß er mit verzehrender Intensität vorlas und deklamierte, sind die täglichen Soiréen, die jeweils mehrere Stunden gedauert haben müssen, schon rein physisch eine erstaunliche Leistung. Und daneben dann, enzyklopädisch und grenzenlos, Wagners kritische oder enthusiastische Kommentare, die assoziativ von einem Gegenstand zum nächsten fortschreiten und immer den Charakter des vollständig Durchdachten und Endgültigen haben. Hier zeigt sich eine begriffsanalytische Begabung von höchstem Rang, eine unermüdlich tätige Phantasie, ein fast unbegrenztes Einfühlungsvermögen. Man könnte und müßte endlos zitieren, an Stoff wäre kein Mangel. Cosima war Wagners Eckermann, und was sie zusammentrug, könnte man – verzichtete man auf das familiäre Beiwerk – den Gesprächen Goethes an die Seite stellen.

Die Wagnerschen Kunstanalysen haben mit dem, was sonst in seiner Zeit über Kunst geschrieben wurde, wenig gemein. Sie sind in einem verblüffenden Sinn modern, wurzeln in den Tiefenschichten des Unterbewußten und verklammern in kühnen Sprachbildungen Erkenntnisse des Traums und des wachen Bewußtseins. Freud und die Kunsttheorie der Surrealisten sind hier vorweggenommen, dann wieder wird die strenge Sachlichkeit der Schönberg-Adorno-Schule antizipiert. Über Beethoven sagte Wagner einmal: »wenn er (ihn) sich ›in seiner Sternenpracht‹ vorstellen wolle, müsse er an den zweiten Teil von (opus) 111 denken (Adagio mit Variationen), er kenne nichts so Extatisches, dabei sei es gar nicht sentimental«. Man lese Thomas Manns Darstellung der Sonate im »Doktor Faustus« oder Adornos Aufsatz über Beethovens Spätstil, und man wird erkennen, wie weit dieser Wagner seiner Zeit voraus war.

Wagner ist hinreißend, wo er bewundert. Aber auch, wo er kritisiert, ist er fast immer gerecht. Von Mozart könnte man vermuten, er sei ein Wagner fernliegender Komponist. Aber auch dieses Vorurteil ist zu korrigieren. Immer wieder kommt Wagner auf Mozart zu sprechen, und nur wenn er auf die Rolle der Konvention bei Mozart eingeht, den »Formalismus der Durchführung«, das »banale schrum-schrum« tadelt, zeigt sich die historische Begrenztheit seines Mozart-Verständnisses. Die großen Eindrücke seiner Jugend, Weber und Rossini, Auber und Méhul, Bellini und Cherubini, hält Wagner auch im Alter hoch. Schubert nennt er einmal einen »drittklassigen Komponisten«, aber später finden sich Ausdrücke großer und vorbehaltloser Bewunderung. Hier gilt, was Wagner anläßlich eines Pamphlets des Antisemiten Förster bemerkte (kurz vor seinem Tod am 17. Januar 1883): »Man wirft so einen Gedanken hin wie ich über Bach und die deutsche Sprache, die machen daraus eine unveräußerliche, feste Sache, nun haben wir's . . .«

Zuverlässig ungerecht ist Wagner nur gegenüber seinen Zeitgenossen, von denen er (mit Einschränkungen) nur Liszt gelten läßt. Schumann nennt er einen »Dorfmusikanten«, Berlioz einen »Stümper«, auch Verdi und Brahms können vor seinen Augen nicht bestehen. Es wird ihm zu arg, als der Dirigent Hans Richter ihm beweisen will, »daß Verdi nicht schlechter als Donizetti war«. Über Brahms: dies sei »Händel, Mendelssohn und Schumann in Leder gewickelt«. Was die Schmähung geistvoll macht, ist der wahre Kern, der darin steckt.

Was erfahren wir aus Cosimas Aufzeichnungen über Wagners eigenes Werk und sein Komponieren? Das Tagebuch ist hier relativ unergiebig. Cosima mied dieses Thema, weil es Wagner offenbar sehr erregte. Soviel wird immerhin deutlich, daß Komponieren und Konzipieren für ihn ein fast dämonischer, alle unbewußten Lebensgeister wachrufender, ekstatisch gesteigerter Zustand war. Die traumwandlerische Sicherheit seiner Arbeit erschien ihm selber wohl rätselvoll: »Ich möchte gern noch einen Zauberer kennenlernen, mir ist nämlich das Zaubern begreiflich, es ist mir manchmal, als könnte ich es, wie z. B. unter gewissen Umständen über einen großen Raum springen. Und mein Musik-Machen ist eigentlich ein Zaubern, denn mechanisch und ruhig kann ich gar nicht musizieren, da stört mich selbst der Sopran-Schlüssel in einer fünfstimmigen Sache Bach's, ich möchte es mir umsetzen, während ich in der Extase die tollsten Stimmführungen ohne eine Spur von Schwanken ausführe, es kommt wie aus einer Maschine so sicher heraus; ruhig aber kann ich gar nichts.« Oder an anderer Stelle: »Was ich für ein Stümper bin, glaubt kein Mensch, ich kann gar nicht transponieren. Das Komponieren ist bei mir auch ein seltsamer Zustand, da kommen einem die physischen Griffe schon in den Weg, wie war es denn, heißt es dann, nicht wie ist es, wie soll es sein, wie war es, und nun suchen, bis man es wiederfindet. Mendelssohn würde die Hände über dem Kopf zusammenschlagen, wenn er mich komponieren sähe.«

Das ist wunderbar genau, dabei witzig und selbstironisch. Dann wieder spricht Wagner ausdrücklich von der »Besonnenheit des Genies«. Immer aufs neue warnt er vor Sentimentalität, falschem Gefühl, und vollends mokiert er sich über die gleichzeitig mit seinem Ruhm sich verbreitende Unsitte, Motivtafeln zu seinen Werken aufzustellen: »Am Ende glauben die Leute, daß solcher Unsinn auf meine Anregung geschieht!« Er selbst hat die Funktion der Leitmotive an anderer Stelle sehr schön beschrieben, Cosima notiert (28. September 1871): »›Ich habe einen griechischen Chor komponiert‹, ruft mir am Morgen R. zu, ›aber einen Chor, der gleichsam vom Orchester gesungen wird; nach Siegfried's Tod, während des Szenenwechsels, es wird das Siegmund-Thema erklingen, als ob der Chor sagte, es war sein Vater, dann das Schwertmotiv, endlich sein eigenes Thema, da geht der Vorhang auf, Gutrune tritt auf, sie glaubt, sein Horn vernommen zu haben; wie könnten jemals Worte den Eindruck machen, den diese ernsten Themen neugebildet hervorrufen werden, dabei drückt die Musik stets die unmittelbare Gegenwart aus«.

»Diese ernsten Themen neugebildet« – das ist eine denkbar knappe Beschreibung für Wagners leitmotivische Arbeit. Nicht auf knallige Effekte, pomphaftes Auftrumpfen, den Erinnerungs-Effekt beim Zuhörer und vordergründige Werk-Einheitlichkeit will Wagner ja mit dem Leitmotiv hinaus, sondern auf konzise thematisch-melodische Arbeit, psychologischen Zusammenhang und epische Totalität. Und die Erkenntnis, daß die Motive als gegenwärtige erklingen und zugleich wie aus der Erinnerung auftauchen, daß sie eine eigene Geschichte haben und ein persönliches Schicksal, das macht ja den *Ring des Nibelungen* und seinen letzten großen Höhepunkt, den Trauermarsch für Siegfried, der das ganze Werk noch einmal wie aus der Erinnerung wiederholt und gleichsam bricht, zu dem »tiefsinnigen Beziehungsfest«, von dem Thomas Mann gesprochen hat.

Im August 1876 ging die Tetralogie nach mühevollster Vorbereitung – Wagner nennt sie »meinen siebenjährigen Krieg« – in Bayreuth endlich in Szene. Für Wagner war es kein reines Glück, wie immer, wenn das, was er sich ausgedacht hatte, in die reale Erscheinung trat: »R. erzählt, seine Hauptempfindung während der Aufführungen sei ›nie wieder, nie wieder‹ gewesen. Er habe so gezuckt, daß der König ihn gefragt, was er habe, worauf er sich mit Gewalt zurückgehalten.«

Wagner verließ Bayreuth – sein »Qualhall« – verstört und enttäuscht. So sah das vorläufige Ergebnis einer jahrzehntelangen Arbeit aus. Unterdessen arbeitete er an *Parsifal* mit zunehmender Heiterkeit und Ruhe, aber auch nicht frei von Resignation. *Parsifal* ist auch der Versuch einer Selbstrettung nach den Enttäuschungen der Festspiele. 1877 schreibt Wagner die Dichtung – zwanzig Jahre nach dem Entwurf der Prosaskizze – und beginnt mit der Komposition, deren Entstehung sich von nun an, fast von Tag zu Tag und von Takt zu Takt, im Tagebuch verfolgen läßt. Dies ist kein Schaffensrausch wie einst beim *Fliegenden Holländer* oder *Lohengrin*, die in wenigen Wochen oder Monaten entstanden. Für den *Parsifal* braucht Wagner fünf Jahre. Man darf aus dieser langsamen, stetigen Arbeitsweise nicht etwa auf nachlassende Inspiration und Schaffenskraft schließen. Wagner steht vielmehr auf der Höhe seiner Meisterschaft. Nur die Produktionsweise selbst hat sich verändert, jetzt sind beim Komponieren tausend Fäden gleichzeitig zu halten. Am 13. Januar 1882 vollendet Wagner die Partitur in Palermo und schenkt sie Cosima auf den Tag genau hundert Jahre nach der Uraufführung von Schillers *Räubern* – hier schließt sich ein Kreis. Merkwürdig ist es, Cosimas Bericht von der Uraufführung des *Parsifal* am 26. Juli 1882 in Bayreuth zu lesen. Schon nach der Generalprobe notiert sie, daß Richard sich für den Applaus von der Galerie aus »ironisch« bedankt. Zwei Tage später fällt ihre Eintragung wieder eigentümlich lakonisch aus: »Um halb vier, bei leider nicht gutem Wetter, fahren wir fort. Gleich beim Eingang erregt seinen Ärger das Beguektwerden. Der erste Akt geht noch so ziemlich nach seinem Wunsch, nur das viele ›Komödiantische‹ ist ihm zuwider. Wie nach dem zweiten Akt stark gelärmt und gerufen wird, tritt R. an die Brüstung, sagt, daß die Beifallsbezeugungen seinen Künstlern und ihm zwar sehr willkommen, daß sie aber übereingekommen seien, sich, um den Eindruck nicht zu stören, nicht zu zeigen, also das sogenannte ›Herausrufen‹ fände nicht statt. Nachdem wir gespeist haben, sind R. und ich zusammen in der Loge! Große Rührung überkommt uns. Doch am Schluß ärgert R. das stumme Publikum, welches ihn mißverstanden hat, er redet es noch einmal von der Galerie an, und wie darauf der Beifall sich entladet und immer wieder gerufen wird, tritt R. vor den Vorhang und erklärt, er habe seine Künstler versammeln wollen, aber diese seien schon halb entkleidet. Die Heimfahrt, mit diesem Thema angefüllt, ist ärgerlich.«

Das klingt nicht sehr überschwenglich. Es erging Wagner nicht anders als sechs Jahre zuvor. Der große Massenbeweger, das instinktsichere Theatergenie empfand nur Pein gegenüber dem realen Theater: »Ach! es graut mir vor allem Kostüm- und Schminke-Wesen; wenn ich daran denke, daß diese Gestalten wie Kundry nun sollen gemummt werden, fallen mir gleich die ekelhaften Künstlerfeste ein, und nachdem ich das unsichtbare Orchester erschaffen, möchte ich auch das unsichtbare Theater erfinden! – Und das unhörbare Orchester.«

Das ist Wagner in seinem Widerspruch, der Weltveränderer, der die Weltentsagung lehrt, der Theaterheros, der klagt: »Alles, was man publiziert, ist den Schweinen hingeworfen«. – Ein Wagner, wie ihn die Wagner-Gemeinde gerne hätte und wie sie sich ihn hundert Jahre hindurch nach eigenen Wünschen formte, ein solcher Wagner ist aus Cosimas Tagebüchern nicht zu gewinnen. Auch die liebgewordenen Parsifal-Legenden werden zerstört, etwa die, daß ein Karfreitagserlebnis Wagner den Karfreitagszauber eingegeben, oder die andere, daß er bei der Figur des Parsifal an Christus gedacht habe. »Alles«, sagt er, »bei den Haaren herbeigezogen.« So helfen Cosimas Tagebücher nicht etwa, neue Legenden zu bilden, sondern alte zu zerstören und Wagners Bild zu vermenschlichen. In diesem Bild findet man auch die rührenden, die intimen Züge, entdeckt seine Fähigkeit zu lieben und »ein Mensch mit Menschen« zu sein. Noch die letzte Eintragung des Tagebuchs vom 12. Februar 1883, vom Tag vor seinem Tod, gibt uns vor allem diesen Wagner: »R.... erzählt mir heiter beim Frühstück, daß sein Barbier ihm Komplimente über seine Fortschritte im Italienischen gemacht... Am Nachmittag fährt er aus, mit Eva..., und erzählt, wie er heimkehrt, daß er Eva Schokolade gegeben...

Beim Abendbrot besprechen wir mit den Kindern das Meer und seine Geschöpfe; vorher die Gefängnisse, die Strafen . . ., alles zum Schutz des Eigentums . . . Er liest in ›Undine‹ vor, deren ersten Teil er vorzieht . . . Wie ich schon zu Bett liege, höre ich ihn viel und laut sprechen, ich stehe auf und gehe in seine Stube: ›Ich sprach mit dir‹, sagt er mir und umarmt mich lange und zärtlich: ›Alle 5000 Jahre glückt es!‹ ›Ich sprach von den Undinen-Wesen, die sich nach einer Seele sehnen.‹ Er geht an das Klavier, spielt das Klage-Thema ›Rheingold, Rheingold‹, fügt hinzu: ›Falsch und feig ist, was oben sich freut.‹ ›Daß ich das damals so bestimmt gewußt habe!‹ – Wie er im Bette liegt, sagt er noch: ›Ich bin ihnen gut, diesen untergeordneten Wesen der Tiefe, diesen sehnsüchtigen.‹«

Wagner und kein Ende

Musik und Ideologie bei Thomas Mann

Das letzte Buch, das der achtzigjährige Thomas Mann in den Tagen vor seinem Tod las, war Alfred Einsteins *Mozart*. Sonderbar genug! Von den vielen Möglichkeiten zu essayistischer Äußerung hatte Thomas Mann im Juli und August 1955 nur noch eine angenommen: nämlich einen *Versuch über Mozart* zu schreiben zum zweihundertsten Geburtstag des Komponisten 1956. Dazu kam es nicht mehr. Doch es ist aufschlußreich, daß Thomas Manns letzter Essayplan ausgerechnet Mozart galt, einem Komponisten, der in seinem musikalisch-rezeptiven Leben kaum eine Rolle gespielt hatte. Der Autor des *Doktor Faustus* hatte andere musikalische Fixsterne. Musik allerdings spielte in seinem Leben wie in seinem Werk von Anfang an eine bestimmende Rolle.

»Die Musik habe ich immer leidenschaftlich geliebt«, heißt es in einem Brief Thomas Manns vom April 1932. Solche Sätze finden sich bei ihm häufig – in den Essays wie den privaten Äußerungen. Einmal spricht er von dem »metaphysischen Vorsatz«, »das nächste Mal« Kapellmeister zu werden. Die erzählenden Werke nennt Thomas Mann gern »gute Partituren« und sein Talent »eigentlich« musikalisch. Ein Kritiker vergleicht seine Vortragsart in *Buddenbrooks* mit der »Aktivität eines Dirigenten«: das gefällt ihm so sehr, daß er es noch Jahrzehnte später zitiert. Und er hört es gern, wenn man seine Prosa »rhythmisch-musikalisch« nennt. Keine Begriffskonstellation, für die die Musik nicht tauglich erscheint: »Musik und Kritik«, »Musik und Erotik«, »Musik und Ironie«, »Musik und Romantik«, »– und Mythos«, »– und Psychologie« – so heißt es schon früh und auch noch im Alter. Doch welche Musik ist gemeint? Und welche Musiker?

Sieht man genauer hin, dann wird deutlich, daß Thomas Manns musikalische Neigungen recht einseitig sind. Sie gelten fast ausschließlich Richard Wagner. Alles andere schrumpft neben ihm zu akzidenteller Nebensächlichkeit. »Für Baudelaire bedeutete die Begegnung mit Wagner einfach die mit der Musik«, schreibt Thomas Mann in einem Wagner-Aufsatz. Das gilt auch für ihn selbst. Von Wagner spricht er in unaufhörlicher Variation des Immergleichen als von einer nicht enden wollenden Faszination. Noch der Vierundsiebzigjährige überschreibt einen Aufsatz *Wagner und kein Ende*. Wagners Musik überlagert, umgreift alle andere, ja sie löscht aus, was sonst für Thomas Mann hätte wichtig werden können, was aber vielleicht eben darum für ihn nicht wichtig war. Pfitzner ist auszunehmen und die Lieder von Schubert und Schumann, Brahms und Hugo Wolf. Es ist die Welt der deutschen Romantik oder noch genauer: romantische Vokalmusik. Und es ist kennzeichnend, daß es sich um eine Vokalmusik mit bestimmendem harmonischen Fundament handelt, in der die Harmonik noch wichtiger ist als die Melodie und das Vokale, die menschliche Stimme, daß es sich um »Ausdruckskunst« handelt, um eine Kunst der Seelendeutung und der Stimmungswerte, der chromatischen und modulatorischen Halbschatten.

Für anderes, so scheint es, hat Thomas Mann sich kaum interessiert. Der *Doktor Faustus* verrät zwar umfassende musikhistorische Kenntnisse, aber sie sind wohl eher das Ergebnis zweckbestimmter Lektüre und kompilatorischer Phantasie. Thomas Mann hat, wie seine Tagebücher verraten, immer viel Musik gehört, vor allem in den vierziger Jahren, als er am *Faustus* arbeitete: auch Berlioz, Mahler, Richard Strauss, sogar Milhaud, Prokofieff, Bartók. Aber all das hat im Werk kaum einen Niederschlag gefunden. Und so kommen auch Bach, Händel und Mozart dem »versetzten Musiker«, wie Thomas Mann sich selber einmal nennt, völlig abhanden. Aus dem Roman *Königliche Hoheit* kennen wir die Figur des Doktor Überbein, der das Aufklärungspathos der *Zauberflöte* parodiert. »Das«, heißt es da, »ist bloße Humanität; aber ich bin von Herzen nicht sehr für Humanität, ich rede mit dem größten Vergnügen wegwerfend davon. Man muß in irgendeinem Sinne zu denen gehören, von denen das Volk spricht: ›Es sind *schließlich* auch Menschen‹ –

oder man ist langweilig wie ein Hilfslehrer.« Soweit der Doktor Überbein, der damit bei seinen Zuhörern großen Erfolg hat.

Auch die italienische Oper spielt kaum eine Rolle. In einer frühen Novelle wird einmal ein Mascagni-Motiv gepfiffen – auch die Art, *wie* Musik gemacht wird, ist ja nicht ohne Bedeutung –, Hans Castorp, der Held des *Zauberbergs*, legt sich einmal eine *Aida*-Schallplatte auf – das ist alles. Chopin wird kurz erwähnt (»eine frühe und immer bewährte Liebe«), der Held aus *Der Tod in Venedig* trägt die Maske Gustav Mahlers. Daran ist vor allem bemerkenswert, daß Mahler, der Zukunftsmusiker, ins venezianische *décadence*-Milieu versetzt wird. Ein Kapitel des *Zauberbergs* ist *Fülle des Wohllauts* überschrieben. Es geht darin um die musikalischen Erlebnisse einer Sanatoriumsgesellschaft. Zu unterscheiden ist dabei zwischen den nächtlichen Gefühlsekstasen Hans Castorps, die im Schubert-*Lindenbaum* kulminieren, und den roheren Genüssen der anderen Kranken: Rossini, Offenbach, eine Bravourarie aus *La Traviata* und andere »leichtgeschürzte Piecen«, die direkt überleiten zu Tango und Tanzmusik.

Das Schönste und Treffendste, was Thomas Mann über Musik geschrieben hat, ist das Kapitel über den späten Beethoven und die Klaviersonate op. 111 aus dem *Doktor Faustus*. Aber man weiß – spätestens seit den *Tagebüchern 1946–1948* –, wieviel davon er seinem musikalischen Mentor Adorno verdankt. Thomas Manns Leistung besteht hier in der erzählerischen Verarbeitung Adornoscher Gedanken und ihrer effektvollen Steigerung ins Genußfähige, indem er sie einem Stotterer in den Mund legt und auf dem Höhepunkt pathetischer Emphase ironisch bricht. Gewiß ist gegen die Anleihe bei Adorno nichts einzuwenden, eher schon gegen Thomas Manns Begründung dafür. In der *Entstehung des Doktor Faustus* schreibt er: »Nach einem langen geistigen Wirken geschieht es sehr häufig, daß Dinge, die man voreinst in den Wind gesät, von neuerer Hand umgeprägt und in andere Zusammenhänge gestellt, zu einem zurückkehren und einen an sich selbst und das Eigene erinnern.« Das ist die Goethe-Pose, die Thomas Mann hier einnimmt, und seine gleichsam offizielle

Version. Die inoffizielle, die die Abhängigkeit von Adorno viel direkter einbekennt, steht im Tagebuch – da heißt es am 23. Juli 1945 unter Berufung auf Molière: »Zum Abendessen Bruno Walter und Tochter. Im Arbeitszimmer Vorlesung der Abschnitte opus 111 ... – mit überraschender, aufregender Wirkung auf W. Es sei über Beethoven nie so Wahres gesagt worden. Dabei ist manches von Adorno als das Meine übernommen. Je prends mon bien où je le trouve.«

»Ich nehme mir mein Gut, wo ich es finde«: auf die Goethe-Pose konnte Thomas Mann im Hinblick auf Beethoven kaum Anspruch erheben. Denn seine Äußerungen verraten sonst nur wenig Nähe zum Komponisten des Opus 111. Für den *Fidelio* findet er die Formel von der »geborenen Festoper«, was dem offiziellen Cliché nahekommt, und auch sein Bekenntnis zu dieser Oper und zur Neunten Sinfonie in den Reden an die deutschen Hörer während des Zweiten Weltkriegs hat wohl mehr normativen als bekenntnishaften Wert. Über eine Aufführung der Neunten schreibt er: »Nie hatte ich das Scherzo und das Adagio mehr bewundert – und brachte wieder einmal keine Liebe auf für den verzettelten letzten, den Variationensatz.« Mit diesem Vorbehalt gegenüber dem Schlußsatz steht Thomas Mann nicht allein; er teilt ihn etwa mit Louis Spohr und Richard Wagner. Aber dann bemerkt Thomas Mann über Faksimile-Reproduktionen von Beethoven-Briefen: »Ich sah sie lange an, diese hingewühlten und -gekratzten Züge, diese verzweifelte Orthographie, diese ganz halbwilde Unartikuliertheit – und konnte ›keine Liebe‹ dafür finden in meinem Herzen. Goethes Ablehnung des ›ungebändigten Menschen‹ war wieder einmal mitzufühlen, und wieder einmal legten Grübeleien über das Verhältnis von Musik und Geist, Musik und Gesittung, Musik und Humanität sich nahe.« Dies über Beethoven, den Ethiker *par excellence*. Humanität ist hier offenbar eine bloß formale Kategorie. Alles nicht Angepaßte, die äußeren Formen Sprengende wird als unzulässig, ja bedrohlich, als ungeistig, ungesittet, nicht human abgewehrt. Was schon im Falle Goethes eine pedantische Engherzigkeit war, könnte man hundertfünfundzwanzig Jahre später bei Thomas Mann als Kuriosität verbuchen, würde hier nicht zugleich eine grundsätzlichere Frage aufgeworfen: die nach dem *Wesen der Musik*, die Frage – Thomas Mann stellt sie selbst – nach ihrem Verhältnis zu Gesittung und Humanität, das eher ein Mißverhältnis zu sein scheint. Das führt direkt in die Welt des *Doktor Faustus*, zum Roman über den »deutschen Tonsetzer Adrian Leverkühn«, der auch ein Roman über Musik und wider die Musik ist, synchronisiert mit den Wegen und Irrwegen deutscher Geschichte.

Thomas Mann begann die Arbeit am *Faustus* in den letzten Jahren des Zweiten Weltkriegs im kalifornischen Exil. Gleichzeitig entstand seine große Rede *Deutschland und die Deutschen*. Beide Werke kreisen um das Problem von Deutschtum und Musik. Thomas Mann schreibt: »Die Musik ist ein dämonisches Gebiet ... Sie ist berechnetste Ordnung und chaosträchtige Wider-Vernunft zugleich, an beschwörenden, inkantativen Gesten reich, Zahlenzauber, die der Wirklichkeit fernste und zugleich die passionierteste aller Künste, abstrakt und mystisch.« Thomas Mann mag sich, als er dies schrieb, an die *Betrachtungen eines Unpolitischen* erinnert haben, sein nationalistisches Pamphlet aus der Zeit des Ersten Weltkriegs, wo er in vollständiger Kontradiktion geschrieben hatte: »Die Musik bedeutet das reinste Paradigma, den heiligen Grundtypus der Kunst ... Sie (ist) die eigentlich moralische Kunst, welche Kunst ist eben dadurch, daß die Moral in ihr zur Form wird ...«

Zwei Aussagen, wie sie sich gegensätzlicher nicht denken lassen. Aus der »heiligen, moralischen« Musik ist »dämonisches Gebiet« geworden. Doch lesen wir weiter! »Soll Faust«, heißt es in der Rede von 1945, »der Repräsentant der deutschen Seele sein, so müßte er musikalisch sein; denn abstrakt und mystisch, das heißt musikalisch, ist das Verhältnis des Deutschen zur Welt, – das Verhältnis eines dämonisch angehauchten Professors, ungeschickt und dabei von dem hochmütigen Bewußtsein bestimmt, der Welt an ›Tiefe‹ überlegen zu sein.« Siebenundzwanzig Jahre vorher hatte Thomas Mann noch die Frage gestellt: »Kann man Musiker sein, ohne deutsch zu sein?«, damals war die Musik im emphatischen Sinn die deutsche Kunst schlechthin, »tönende Ethik«, die der Deutsche treibe »als eine Tugend und eine Religion, Abbild und künstlerisch spirituelle Spiegelung des deutschen Lebens selbst.«

In beiden Essays, der kulturpolitischen Streitschrift von 1918 und der Rede in der Washingtoner Library of Congress vom 29. Mai 1945, wird für die Deutschen ein besonderes, hervorragendes Verhältnis zur Musik in Anspruch genommen. Nur die Wertakzente haben sich radikal verschoben: ein dünkelhaftes Überlegenheitsgefühl herrscht vor in den *Betrachtungen eines Unpolitischen*, Kritik an eben diesem Dünkel bestimmt die Rede *Deutschland und die Deutschen*. Dazwischen liegen siebenundzwanzig Jahre, die Erfahrung Hitlers und des Nationalsozialismus, die Wandlung Thomas Manns vom chauvinistischen Kriegsapologeten des Ersten Weltkriegs zum antifaschistischen Emigranten des Zweiten.

Doktor Faustus – oder die Liebe zur Musik im Lichte unserer historischen Erfahrung. Die historische Erfahrung: das ist die deutsche Barbarei der Hitler-Epoche; die Musik, die »Musikalität der deutschen Seele« gehört zu ihren tiefsten und verborgensten Ursachen. Überspitzt formuliert: *Tristan* und Adolf Hitler, *Parsifal* und die Gaskammern von Auschwitz. Zwar scheint es nicht unmittelbar einsichtig, warum gerade die Musik büßen soll, was die Führer und Folterknechte des Nationalsozialismus verbrachen. Doch verlangt es auch das Erkenntnisinteresse, Thomas Manns Fragen nicht ungeprüft zurückzuweisen.

Denkt man den Gedanken vom »dämonischen Gebiet« der Musik weiter und zu Ende, dann müßte Musik eigentlich verboten werden. In der abendländischen Geschichte wäre das nicht einmal neu; man denke an Platon. Thomas Mann spricht es mit dieser Deutlichkeit zwar nicht aus, doch schreibt er in den *Betrachtungen eines Unpolitischen* (in dem Kapitel, das *Von der Tugend* überschrieben ist): »Ich denke an den Dritten Satz (von Tschaikowskys Symphonie pathétique) mit seiner *bösartigen* Marschmusik, welche, wenn wir eine Zensur im Dienste demokratischer Aufklärung besäßen, schlechthin verboten werden müßte. Solange es erlaubt ist, dergleichen nicht nur zu setzen, sondern auch aufzuführen; solange dieses Drommetentosen und Beckengeschmetter unter gesitteten Menschen statthaft bleibt, solange, mit Verlaub gesagt, wird es auf Erden auch Krieg geben. Die Kunst ist eine *konservative* Macht, die stärkste unter allen; sie bewahrt seelische Möglichkeiten, die ohne sie – vielleicht – aussterben würden.« Thomas Mann sagt das 1918 noch zustimmend, der große Ironiker ist hier ganz unironisch. Die Musik »bewahrt die seelische Möglichkeit zum Kriege« – das wird gesagt von einer Kunst, der im orphischen Mythos noch die Macht beigemessen wurde, die wilden Tiere zu besänftigen. Hier wird der Gedanke der »dämonischen« Musik aus der Zeit des *Doktor Faustus* vorweggenommen, nur daß er in den *Betrachtungen* ins Positive gewendet erscheint. Aber steckt nicht in dieser Bestimmung der Musik, falle sie nun emphatisch oder skeptisch, lobpreisend oder verwerfend aus, selbst ein Stück Ideologie? Anders, mit Nietzsche, gefragt: Spricht so ein Musiker?

Nietzsche spielte Bizet gegen Wagner aus, die Logik der Passion gegen die Opiate einer schon ermattenden Leidenschaft. Man weiß, daß er sich innerlich nie ganz von Wagner zu befreien vermochte. Thomas Mann hat dazu gar nicht erst den Versuch gemacht; seinen Bizet fand er vielleicht in Nietzsche, aber kein *Komponist* wuchs bei ihm in die Rolle von Wagners Antipoden. Bach, Händel, Haydn, Mozart, Chopin, auch Brahms und Verdi – sie alle *mögliche* Antipoden – gehörten nicht zu Thomas Manns oft beschworenem »Fixsternhimmel«. Eine »entschiedene Neigung« hingegen bekannte er zur sensuellen Schwermut und Melancholie Tschaikowskys. Hier war es wohl die Atmosphäre von Neurose und Hysterie, die ihn anzog und die, wenn auch nur von ferne und mehr psychologisch als musikalisch, mit der Wagner-Welt zu tun hat. Noch aufschlußreicher ist das Bekenntnis zu einem anderen Komponisten, zu César Franck. Thomas Mann hat es in einem Brief an Bruno Walter abgelegt: »Zum Musiker geboren,« schreibt er dort, »hätte ich komponiert ungefähr wie César Franck.« Die Bemerkung beweist ein ausgeprägtes Sensorium für geistige Gemeinsamkeiten und seelische Verwandtschaft. Der Komponist César Franck gehört nämlich auf bestimmteste Weise in die deutsche, in die Wagner-Welt, zumindest zu jener spezifisch französischen Wagner-Rezeption, wie sie in der Nachfolge Baudelaires bis zum Ersten Weltkrieg bestimmend blieb. Wagnerisch ist seine Chromatik, seine harmonische Polyphonie, wagnerisch sein Sensualismus, der sich allerdings – darin Tschaikowsky vergleichbar – niemals wirklich frei entfaltet. Franck ist der Komponist der unterdrückten, doch heftigen Leidenschaft, einer fieberhaften, doch schuldbewußten Alterserotik. Seine Schüler nannten ihn den »seraphischen Vater«. Immer wieder sucht er Zuflucht in der Konvention, zwängt sich ein in metrische Schemata. Große Strenge im Äußeren, nach innen äußerste chromatische Zügellosigkeit. Enharmonik, schrieb der Musikhistoriker Wilfried Mellers, also die Fähigkeit eines Tones, sich für verschiedene Grundtöne zu entscheiden, – sei »der entscheidende Punkt für Francks Psychologie«. Und präziser noch: »Francks typischste Melodie – chromatisch um eine Note kreisend oder zwischen Tonika und Mediante hin und her hetzend – verkörpert aufs genaueste seinen Wunsch, jeder Festlegung zu entkommen . . .« Thomas Mann hat sich sein musikalisches Ebenbild zutreffend ausgesucht. Die Musik, die der junge, kranke, todessehnsüchtige Hanno Buddenbrook am Klavier zusammenphantasiert, könnte, wenn sie nicht von Wagner wäre, auch von César Franck komponiert sein.

Hannos Klavierphantasien werden vom Autor als »zügellose Orgien« geschildert. Thomas Mann schreibt da: »Es lag etwas Brutales und Stumpfsinniges und zugleich etwas asketisch Religiöses, etwas wie Glaube und Selbstaufgabe in dem fanatischen Kultus dieses Nichts, dieses Stücks Melodie, dieser kurzen, kindischen, harmonischen Erfindung von anderthalb Takten . . .« So geht es über mehrere Seiten, und es häufen sich Begriffe wie »lasterhaft maßlos« und »unersättlich«, »zynisch verzweifelt«, »Wille zu Wonne und Untergang«, »Gier bis zum

Ekel und Überdruß« ... Es ist Wagner-Musik, die so beschrieben wird, im ganzen Frühwerk Thomas Manns gibt es eigentlich nur Wagner-Musik. Und immer erscheint sie mit zwielichtigen Attributen und in heiklen Situationen. In der Novelle *Tristan* unterlegt Thomas Mann eine spirituell sublimierte erotische Vereinigung zweier Kranker mit Musik aus dem zweiten Akt der Wagner-Oper. In der frühen Erzählung *Der kleine Herr Friedemann* löst er durch eine *Lohengrin*-Aufführung das erotische Erlebnis aus, das die bürgerliche Existenz des Protagonisten untergräbt. In *Wälsungenblut* stimuliert er ein jüdisches Zwillingspaar durch einen Besuch der *Walküre* zum inzestuösen Verkehr. Noch im *Tod in Venedig* ist das Wagner-Modell erkennbar: Wagner als musikalisch drapierte erotische Versuchung, als schwelgerischer Untergangszauber, als morbid-raffinierte Abseitigkeit. Wenige Tage nach seiner Klavier-Orgie stirbt Hanno Buddenbrook an Typhus, Gabriele Klöterjahn in *Tristan* rafft die Tuberkulose hinweg, Friedemann begeht Selbstmord. Für sie alle ist Wagner-Musik Symptom und Inbegriff ihrer Unfähigkeit, die Existenz zu ertragen, ihrer Krankheit zum Tode.

Es geht Thomas Mann nicht um eine Pathologie der Wagner-Musik, wenn es auch, wie wir sehen werden, am Ende darauf hinausläuft. Seine Figuren sterben ja in Wirklichkeit nicht an Wagner, sondern an Typhus, Tuberkulose oder Cholera, und diese Krankheiten sind lediglich Symptome ihrer allgemeinen Lebensschwäche. Sie sind Außenseiter, die an sich selbst und an ihrer Mitwelt kranken. Aber gerade am Rande der Gesellschaft erfahren sie deren Widersprüche. Immer bleiben ja ihre Herkunft und ihr sozialer Standort deutlich erkennbar. Es sind Bürger, verirrte, gescheiterte Bürger – wie später noch Tonio Kröger, der immerhin aus der Selbsterkenntnis die Kraft zur Überwindung seiner Lebensschwäche schöpft. Sie alle leben auch nicht etwa in materiell beengten und sozial depravierten Verhältnissen. Von Friedemann zum Beispiel erfahren wir, daß er zu den »ersten Kreisen der Stadt« gehört, Aschenbach in *Der Tod in Venedig* besitzt ein Landhaus und beschäftigt Personal, auch Spinell scheint es an Vermögen nicht zu fehlen. Aber, Rentiers durchweg, sind sie gesellschaftlich ohne Macht und Einfluß. Deutlich werden die Geldtypen gegen sie abgesetzt, die geschäftstüchtigen Bourgeois und Vertreter des aufsteigenden Monopolkapitals, das das liberale Bürgertum zunehmend verdrängt. Gesittete Lebensbürgerlichkeit weicht roher bourgeoiser Lebenstüchtigkeit. In diesem ganzen Frühwerk gelingt die Synthese von Besitz und Bildung nur in der jüdischen Familie der Aarenholds (in *Wälsungenblut*). Thomas Mann nennt diesen Gegensatz: Bürger und Künstler.

Ein unüberbrückbarer Gegensatz. Es ist, im Lübecker Patrizier-Roman, der Gegensatz der Buddenbrooks und der Hagenströms. Später, in *Tristan*, wird der Gegensatz ironisch zugespitzt und trägt die Namen Spinell und Klöterjahn. Eine Synthese kann nicht gelingen. Goethe und Bismarck – das geht nicht zusammen. Trotzdem stellt Thomas Mann die Frage: Wo ist der wahre Bürger? Und er gibt die Antwort: Dort, wo wahre Humanität ist. Das ist nun doch so etwas wie der Versuch einer Synthese. Vor allem aber ist es eine idealistische Konstruktion, die die Realität der Macht im wilhelminischen Deutschland ignoriert. Wahre Humanität? Für den Prinzenerzieher Überbein in *Königliche Hoheit* ist die *Zauberflöte* ja nur noch ein Gegenstand für Hohn und Spott. Sogar die *Meistersinger*, dieses verspätete Idealbild nationaler Versöhnung und bürgerlicher Eintracht, ist pure Utopie, durch die Wirklichkeit längst überholt und widerlegt, es wird schon in *Buddenbrooks* als Illusion erkannt und verabschiedet.

Trotzdem operiert Thomas Mann weiter mit dem Begriff der Humanität. Er nennt sie jetzt meist »Vornehmheit« und benachbart sie der Krankheit. Krankheit, heißt es nun, sei die Voraussetzung jeglicher Humanität, Vornehmheit und seelischen Verfeinerung. Gesellschaftliche Ohnmacht deutet er als biologische Schwäche, und das gesellschaftliche Problem wird dadurch gelöst, daß es verinnerlicht, in die Seele des »verirrten«, aber »wahren« Bürgers verlegt wird. Die Seele ist fortan der wahre Schauplatz der Synthese von frühbürgerlicher Humanität und spätbürgerlicher Vornehmheit. Das ist zwar nicht mehr die

Humanität Goethes oder Mozarts. Aber hier tritt nun Wagner-Musik hilfreich ein. Die metaphysische Weltharmonie des *Tristan* läßt die fehlende gesellschaftliche Harmonie vergessen. »Ich verstehe nicht alles, Herr Spinell,« fragt Gabriele Klöterjahn mitten im zweiten *Tristan*-Akt, »was bedeutet doch dieses ›Selbst – dann bin ich die Welt‹?« – woraufhin Spinell es ihr, »leise und kurz«, erklärt.

Die Geldtypen kommen in dieser Konstellation schlecht weg. Sie werden, wie Hagenström, durch eisernes Profitstreben charakterisiert. Oder, wie der Verwaltungsadlige von Beckerath in *Wälsungenblut*, durch opportunistisches Strebertum. Oder einfach, wie der Großkaufmann Klöterjahn in *Tristan*, durch rohe Gesinnung und schlechte Manieren. Ihnen stehen die Kranken, Verfeinerten, Vornehmen gegenüber, Außenseiter und Entsagungshelden, Schopenhauerianer allesamt, eine Krankengalerie: Hanno Buddenbrook, der blasse »Verfallsprinz«, der kleine Herr Friedemann mit der verwachsenen Brust, Detlev Spinell, der exzentrische Dichter mit der degenerierten Physiognomie, Gabriele Klöterjahn, seine *femme fragile* mit dem blaßblauen Äderchen in der Stirn ... Doch sie sind nicht nur krank und vornehm, sie sind vor allem leidenschaftliche und ausgepichte Wagnerianer: Gabriele Klöterjahn zum Beispiel kann *Tristan und Isolde* vom Blatt spielen. Und sie nehmen diese Kunst auf tödliche Weise ernst. Sie sind gebildet und lebensmüde, haben ihre typhösen Infektionen und tuberkulösen Stellen – wie später noch Hans Castorp im *Zauberberg* –, sie gebrauchen diese Musik als Stimulans und Rauschmittel, sie bedeutet ihnen heftigste Steigerung des Lebensgefühls, aber auch erschöpfende Anstrengung.

Fast scheint es, als wollte Thomas Mann als Erzähler demonstrieren, was vor ihm Nietzsche in *Der Fall Wagner* analysiert hatte: Wagner, der *décadent par excellence*. Aber bei Nietzsche hatte das zu einer höhnischen Polemik gegen Wagner geführt. Thomas Mann ging nicht so weit. Er übernahm von Nietzsche zwar die Symptombeschreibung, nicht aber die Wertung. Denn er erkannte, daß der Philosoph ohne gesellschaftliche Perspektive geblieben war: die Bourgeoisie des Kaiserreichs hatte er verachtet, Wagner in sich überwunden, da blieb nur saures Moralistentum. Dazu fühlte Thomas Mann sich nicht berufen, er war zum Repräsentieren geboren – ein Schopenhauerianer wie seine Helden, die er ja auch nicht ohne Sympathie beschreibt. Krankheit und Humanität, Verfall und Vornehmheit, Vitalitätsschwäche und Genie gehören für ihn zusammen –: war nicht Nietzsche der beste Beweis dafür?

Doch was Thomas Mann anzieht, ist nicht Schopenhauer selbst, nicht die asketische Entsagungslehre, die der Konsul Thomas Buddenbrook als seine Wahrheit erkennt; es ist weit stärker das »erotisch einheits-mystische Element« dieser Philosophie, wie es im *Lebensabriß* heißt, ein Amalgam aus Mystik, Erotik und Musik. Anders ausgedrückt: Schopenhauer muß erst ins Wagnerische übersetzt werden. Im Roman sieht das so aus: Thomas Buddenbrook, der Bürger, muß erst noch *Die Welt als Wille und Vorstellung* studieren, sein Sohn Hanno hält sich gleich an den *Tristan*; Thomas klammert sich, nur noch ein Darsteller seiner Rolle, an einen kategorischen Durchhalte-Imperativ, Hanno gibt sich gleich dem Untergang preis. Das ist alles nur konsequent. Aber in der Konsequenz wird auch der Punkt des Umschlags erreicht. Humanität *und* Untergang? Bereits mit dem Tod Hannos ist Thomas Manns Versuch einer Synthese, der Synthese von Humanität und bürgerlicher Lebensart, gescheitert. Der Bürger-Künstler hat keine reale gesellschaftliche Perspektive. Der Weg in die Innerlichkeit über die Wagner-Musik erweist sich als anderer Weg in den Untergang. Das »wahre« Bürgertum, die »wahre« Humanität, die Krankheitsvornehmheit oder, wie es später von Gustav von Aschenbach heißt, die »Haltung«, die »Willensverzückung«, die Arbeit »am Rande der Erschöpfung« – sie schlagen um in Todeskult und Untergangssehnsucht. Es sind Posen, aufgebaut auf Triebverzicht und Triebunterdrückung, um die innere Haltlosigkeit zu überdecken. Jede Berührung mit dem »Leben«, um es mit Thomas Manns Kategorien zu sagen – und »das Leben« erscheint vor allem in erotischer Gestalt – muß für Friedemann, Spinell, Aschenbach, für diese bloß »formalen Existenzen«, zur Katastrophe führen.

Selbst die Musik wendet sich zuletzt gegen die Figuren, die sich von ihr Rettung und Erlösung versprachen, und richtet sie zugrunde. Auch das ein Punkt des Umschlags. Denn Thomas Mann, der Haltungsethos und Krankheitsgenialität weiter kultiviert, schreibt nun der Musik selbst jene Haltlosigkeit zu, durch die er zunächst die Figuren charakterisiert. Deren Ängste werden in die Musik hineinprojiziert. Thomas Mann erklärt die Musik – und das ist die erste Stufe der Ideologiebildung – zum dämonischen Gebiet, indem er sie, wie billig, mit der Dämonie des Erotischen verbindet.

Eindeutig ist schon die Bezeichnung von Hannos Klavierspiel als »zügellose Orgie«. Musik wird nicht mehr als Musik aufgefaßt, sondern als Reizzustand. Deutlicher wird das noch in *Wälsungenblut*. Der Inzest der Wagner-Figuren, in der Oper ein sinnlich-elementarer und antibürgerlicher Akt, ist für das Zwillingspaar der Erzählung lediglich Oberflächenreiz und Erregungsmoment. Aus dem radikalen Tabubruch wird eine kleine sexuelle Perversion. In kaum einer seiner frühen Erzählungen läßt Thomas Mann sich die Verbindung von Musik und Erotik entgehen. Musik führt zur Erotik (das Beispiel Friedemann), Musik statt Erotik (das Beispiel *Tristan*), Musik gleich Erotik (das Beispiel Hanno Buddenbrook). Und wo die Musik nicht in den Untergang führt, sondern ausnahmsweise zur sexuellen Befriedigung, erscheint diese als Perversion (das Beispiel *Wälsungenblut*). Musik und Erotik werden austauschbar. Gerda von Rinnlingen, in der Erzählung vom *Kleinen Herrn Friedemann*, erscheint mit dem »unheimlichen Zittern . . . in ihren kleinen, nahe beieinanderliegenden Augen« selbst noch dämonisch. Aber schon bei Gerda Buddenbrook wird die erotische Dämonie assoziativ mit der Musik verknüpft: ». . . in ihren seltsamen, nahe beieinanderliegenden braunen Augen lag der rätselhafte Schimmer, den die Musik ihnen zu geben pflegte . . .« Und wenn Gerda mit dem Leutnant von Throta musiziert, hat Thomas Buddenbrook, ihr Ehemann, sobald die Musik schweigt, obszöne Vorstellungen. »Es war«, heißt es, »eine unlautere, hinterhältige, schweigende, verschweigende Stille.«

Mehr und mehr empfindet der Senator die Musik als »feindliche Macht«, sie entfremdet ihn seiner Frau, stellt sich zwischen ihn und seinen Sohn. Natürlich ist Musik von Wagner gemeint. Es gibt auch andere Musik, aber sie zählt nicht. »Was freut dich an der Musik?« fragt Gerda Buddenbrook ihren Mann. »Der Geist eines gewissen faden Optimismus . . . Geht es in der Welt etwa zu wie in einer hübschen Melodie?« – Hier wird klar, welche Musik *nicht* gemeint ist: die der hübschen Melodien. Gerda nennt das »läppischen Idealismus«. Dagegen steht die wahre, wenngleich dämonische Musik, »Abbild des Weltwillens«, wie Thomas Mann es nach Schopenhauer formuliert. Ab und zu verlangt der Weltwille ein Opfer. Das einzige Opfer, das Thomas Mann ihm bringt, ist Hanno. Später geht er nicht mehr so weit. Zwar sterben auch Klöterjahn und Aschenbach, aber nicht als Leidensfiguren, denen die uneingeschränkte Sympathie des Autors gilt. Denn Thomas Mann setzt nun die geliebte, dämonische Musik ihrerseits als lebensfeindlich unter Ironie (und mit ihr zugleich die Figuren): in *Tristan*, in *Wälsungenblut*, in der Erzählung vom *Wunderkind*. Das Wunderkind Bibi Saccellaphylaccas ist gewissermaßen ein am Leben gebliebener Hanno. Er spielt nicht mehr zügellose *Tristan*-Phantasien, sondern verblüfft die Leute mit Kunststücken. Aber da gibt es eine Stelle, die ihm allein gehört, die Stelle, »wo es nach Cis geht« – »die Leute« merken sie nicht. Der Künstler, heißt das, ist einsam. In *Wälsungenblut* wird die Bühnenhandlung der Wagner-Oper bereits durchgehend ironisch erzählt – weshalb man übrigens nicht ganz versteht, was die Zwillinge daran so erregt. Und mit geradezu bösartiger Ironie begegnet Thomas Mann dem tristanseligen Paar Spinell-Klöterjahn. Auf dem Höhepunkt ihrer musikalisch-erotischen Ekstase läßt er die Pastorin Höhlenrauch den Raum betreten, die »neunzehn Kinder zur Welt gebracht hatte und keines Gedankens mehr fähig war«.

Indes, die Ironie richtet sich gegen die Figuren, mit denen Thomas Mann sich insgeheim identifiziert. Mehr noch: Er rückt die Musik Wagners ausschließlich in das Zwielicht von Verführung und Verfall. Daß die »Leute«, die bourgeoise Gegenwelt, vielleicht auch etwas mit Wagner anfangen könnten, wird nicht in Betracht gezogen. Wagnerhörende Bourgeoisie kommt bei Thomas Mann nicht vor. Aber die gleiche Musik, die den verfeinerten Helden Thomas Manns die höchsten Wonnen gewährt, dient bei einem anderen Schriftsteller, Thomas Manns Bruder Heinrich, zur satirischen Beschreibung des wilhelminischen Bürgers. Der Vergleich ist aufschlußreich. Auch der Untertan Diederich Heßling in Heinrich Manns Roman begeistert sich bei einer *Lohengrin*-Aufführung: »»Das ist die Kunst, die wir brauchen!« rief Diederich aus. ›Das ist deutsche Kunst!‹ Denn hier erschienen ihm, in Text und Musik, alle nationalen Forderungen erfüllt. Empörung war hier dasselbe wie Verbrechen, das Bestehende, Legitime ward glanzvoll gefeiert, auf Adel und Gottesgnadentum der höchste Wert gelegt, und das Volk, ein von den Ereignissen ewig überraschter Chor, schlug sich willig gegen die Feinde seiner Herren. Der kriegerische Unterbau und die mystischen Spitzen, beides war gewahrt.«

Diese Beschreibung ist satirisch. Aber indem Heinrich Mann die Musik Wagners in den gesellschaftlichen Kontext stellt, richtet sich seine Satire keineswegs allein, ja nicht einmal hauptsächlich gegen Wagner, sondern weit stärker gegen die kunstbanausische Untertanenmentalität des wilhelminischen Bürgers. Weit davon entfernt, *Lohengrin* zu denunzieren, macht Heinrich Mann den Mißbrauch Wagners deutlich. Thomas Manns Ironie vermag das nicht zu leisten. Mit ihr distanziert er sich sowohl von den bourgeoisen Geldtypen und Bismarck-Deutschen als auch von den angekränkelten Ästheten. Damit sind aber weder die Klöterjahn noch die Spinell widerlegt. Widerlegt ist allenfalls Wagners Musik. Denn was ist das für eine Musik, die so zweideutige Auslegung zuläßt? Die das siegreiche Bürgertum verklärt und dem untergehenden als Reiz- und Rauschmittel dient? Diese Frage ist aber zuletzt ein Unrecht auch gegen Wagner. So bleibt Thomas Manns Ironie unverbindlich, ja zweideutig. Die »Position der Mitte« in jenem Konflikt, in dem Hanno Buddenbrook zugrundeging, gelingt nicht praktisch. Sie ist in Wahrheit ein Rückzug in jene »machtgeschützte Innerlichkeit«, von der Thomas Mann selbst gesprochen hat. In der Musik findet sie ihren sublimsten Ausdruck und zugleich ein beinahe unwiderstehliches Narkotikum.

Als die Zeit der Ironie, des unverbindlichen Spiels vorbei ist, mit dem Weltkriegsjahr 1914, stellt Thomas Mann sich offen auf die Seite des reaktionär-feudalen Machtstaates. Aus der »machtgeschützten Innerlichkeit« der Vorkriegsepoche wird nun eine Apologie der Macht im Zeichen der Innerlichkeit. In der Maske des »Unpolitischen« verklärt Thomas Mann Politikfeindschaft und Innerlichkeit zur deutschen Staatsgesinnung, er schreibt der deutschen Ideologie ihr bestes, ihr brillantestes Buch. War sein Stil jemals glänzender? Seine Polemik jemals bissiger? War er selbst jemals – ehrlicher? Später hat Thomas Mann das Buch – die *Betrachtungen eines Unpolitischen* – ein »Rückzugsgefecht« genannt, »geliefert im vollen Bewußtsein seiner Aussichtslosigkeit«. Es gibt keinen Grund, daran zu zweifeln. Doch *wie* er schreibt, *was* er schreibt, wie sein Innerstes zur Offenbarung drängt, wie zuweilen der Haß brennt in diesen Seiten, sich trotzig entlädt, wie Thomas Mann sich *festlegt* –: das ist noch immer erstaunlich zu lesen. Und man erinnert sich an Thomas Manns ironischen Selbstkommentar seiner späten Jahre, er sei zur Zeit der *Betrachtungen* »viel interessanter« gewesen denn später als »Wanderredner der Demokratie«.

Also! – Die *Meistersinger* – und damit, mit einem Nietzsche-Zitat, sagt Thomas Mann gleich am Anfang, worauf er hinauswill –: die *Meistersinger* – »Gegensatz zur Zivilisation, das Deutsche gegen das Französische«. Und er kommentiert: »Die Aufzeichnung ist unschätzbar. Im blendenden Blitzschein genialischer Kritik steht hier auf eine Sekunde der Gegensatz, um den dieses ganze Buch sich müht, – der aus Feigheit viel verleugnete, bestrittene und dennoch unsterblich wahre Gegensatz von Musik und Politik, von Deutschtum und Zivilisation.« Um den Gegensatz auszulegen, schreibt Thomas Mann dann noch fast sechshundert Seiten. Ein Kreuzzug gegen – was er nennt – »den Fortschritt von der Musik zur Demokratie«. Demokratie – das ist die

»Zersetzung«, das »wurzellose Literatentum«, die »pazifistische Menschlichkeit«, das »Moralbonzentum sentimental-terroristisch-republikanischer Prägung«, das ist Frankreich, das Französische, das ist – auf der niederen Stufe – »das schreibende, agitierende, die internationale Zivilisation propagierende Lumpenpack« und – auf der höheren – der »Zivilisationsliterat«, Heinrich Mann, der Bruder. Dies alles drängt der »Unpolitische« in wenige Seiten zusammen – ein genialischer Reaktionär wie die von ihm bewunderten Edmund Burke und Joseph de Maistre. Und dagegen stellt er: Deutschland, deutsche Kultur, deutsche Innerlichkeit, deutsche »Urbesonderheit«, vor allem: deutsche Musik.

Deutsche Musik! – Thomas Mann dreht das auch um: Musik ist deutsch (»Kann man Musiker sein, ohne deutsch zu sein?«). Das ist die zweite Stufe der Ideologiebildung: nach der »dämonischen« Musik jetzt die »deutsche« Musik. Und Thomas Mann ruft Richard Wagner zum Zeugen auf. Wagner, im Frühwerk noch europäisch-dekadente Todesmetapher, wird jetzt zu holder deutscher Bürgerlichkeit verklärt. Nun wird gegen den *Tristan* wieder die Hans-Sachs-Gemütlichkeit gestellt, gegen den einen Erben Wagners, den modernistischen Strauss, der andere, das »Käppchen-Meistertum und (der) Treufleiß des liebenswerten Engelbert Humperdinck«. Natürlich ignoriert Thomas Mann nicht den »anderen«, den europäischen Wagner, er nimmt ihn in das neue Wagner-Bild hinein. So wird Wagner zu einer höchsten Synthese stilisiert, zu einer neuen »Position der Mitte«: Wagner ist zwar »europäisch«, er ist aber auch »sehr deutsch«, er ist das Deutsche in »europäisch-planetarischer Wirkung«.

Aber Thomas Mann hat in diesen Jahren noch einen besseren Zeugen für die Deutschheit der Musik. Im Sommer 1917 hat er Pfitzners Oper *Palestrina* kennengelernt. Mit ihr wird Wagner gleichsam aus dem Europäischen zurückübersetzt ins Urdeutsche, Romantische, in den »frommen Väterstil«. Thomas Mann sieht und hört das Werk an der Münchner Oper fünf-, sechsmal innerhalb weniger Wochen. Pfitzner, »dieser Zarte, Inbrünstige und Vergeistigte«, kommt ihm sehr gelegen, er findet bei ihm »viel tief Vertrautes«, »bis zum Lechzen« hat ihn danach verlangt.

Diese Musik ist die deutsche Wirklichkeit, in Noten gesetzt; deutsche Innerlichkeit als musikalische Praxis. Dem Großadmiral Tirpitz hatte Pfitzner, als die Wogen des U-Boot-Streites am höchsten gingen, ein Kammermusikwerk gewidmet; Thomas Mann spricht von seinem »musikalisch-deutschen Instinkt«. Diese Musik, schreibt er, auf Nietzsche anspielend, »macht mich positiv«. Aber Nietzsche hatte das Wort auf Bizet gemünzt, den er gegen Wagner ausspielte. Das wird von Thomas Mann nun zurückgenommen, Wagner – mit Pfitzners Beistand – gegen Bizet wieder ins Recht gesetzt. Und noch ein Jahr später, 1919, die Republik ist schon ausgerufen (Thomas Mann schreibt: »Die Freiheit ist ausgebrochen«), nennt er Pfitzner den einzigen Trost »über das Elend der deutschen Wirklichkeit«. Und in der *Tischrede auf Pfitzner*, aus demselben Jahr, stehen die Sätze: »Meine Herren, ich glaube, daß in Deutschlands gegenwärtiger historischer Situation dem tiefen und echten Romantizismus der Kunst, der wir heute huldigen, ihrer träumerischen Rückwärtsgewandtheit, welche in Wahrheit ein nach innen, ein in die Tiefe der nationalen Seele Gewandtsein ist, – daß dieser musikalisch-romantischen Kunst mehr Zukunft bildende Kraft und Bedeutung innewohnt als mancher scheinbar zeitgerechteren ... eine Kunst, die wie kaum eine andere in den heiligen Gründen zu Hause ist, wo die Quellen des nationalen Lebens rauschen, eine solche Kunst ist die aktuellste, modernste und lebensunmittelbarste, die Nation wird ihr lauschen, und echter Ruhm wird um sie sein . . «

Höchste Aktualität und Modernität der Kunst aus den »heiligen Gründen des nationalen Lebens«: Thomas Manns Kunst der Synthesenbildung setzt sich hier kühn über alle Kontradiktionen hinweg. Stets sucht er, auch in seinen Wendungen, die Position der Mitte zu behaupten. Und so ist die Musik jetzt nicht mehr nur »Krankheit zum Tode«, sondern auch »Dienst am Leben«. Und wirklich schreibt er: »Die Kunst ... ist Leben, (auch wenn) sie der romantischen Sympathie mit dem Tode huldigt.«

Vier Jahre nach den *Betrachtungen eines Unpolitischen*, 1922, erscheint die Rede *Von deutscher Republik*. Der konservative

Monarchist Thomas Mann bekennt sich darin zum demokratischen Staat: er nennt es die Wendung von der »Todessympathie« zum »Lebensdienst«. Ist es wirklich eine Wendung? – Bei allen Gelegenheiten betont Thomas Mann die Kontinuität seines Denkens. Im Vorwort der Rede schreibt er: »Ich habe vielleicht meine Gedanken geändert, – nicht meinen Sinn.« So zweideutig das klingt, man könnte es nicht besser ausdrücken. Das alte Denkmodell wird beibehalten, nur die Begriffe werden neu definiert. Es gibt keine neuen Wertkategorien, sondern die alten werden umgewertet. Den Anfang der Republik datiert Thomas Mann nicht auf 1918, das Jahr der Revolution, sondern auf 1914, die »Stunde todbereiten Aufbruchs«. So kann er auch die *Betrachtungen* noch ins Republikanische umdeuten. Sie waren, heißt es jetzt, »konservativ – nicht im Dienste des Vergangenen und der Reaktion, sondern in dem der Zukunft«. Ist das mit pädagogischer List dem reaktionären Bürgertum zugesprochen, das Thomas Manns Wende nicht mitvollziehen will? Man darf es vermuten. Doch ein Vorbehalt bleibt: das Unbehagen, die Propagierung humanitärer Ideale könne ihn in die Nähe – »und nicht nur in die Nähe« – der »Platitüde« bringen. Noch 1930, in politisch prekärer Zeit, gelten Thomas Mann die *Betrachtungen eines Unpolitischen* »ästhetisch, als Dichtung genommen«, weit mehr als seine demokratischen Ermunterungen.

Die *Betrachtungen* – das war der Gegensatz von Musik und Politik, »das Deutsche gegen das Französische«. Beweis: Die *Meistersinger*. Das Nietzsche-Wort und die *Meistersinger* zitiert Thomas Mann auch in der Rede *Von deutscher Republik*. Doch ist aus der Wagner-Oper jetzt das demokratische Exempel schlechthin geworden. Die *Meistersinger* »sind Demokratie, durch und durch, demokratisch in dem Grunde und auf so beispielhafte Art, wie etwa Shakespeare's ›Coriolan‹ aristokratisch ist – sie sind, sage ich, deutsche Demokratie und beweisen mit biederstem Pomp, auf romantisch innigste Art, daß diese Wortverbindung, weit entfernt, naturwidrig zu sein oder die Logik des hölzernen Eisens zu verraten, vielmehr so organisch gefügt ist wie außer ihr vielleicht nur noch die andere: ›Deutsches Volk‹«. –

Es ist dies, nebenbei bemerkt, ein merkwürdiger und einge-
schränkter Demokratiebegriff, der sich durch den Volksbegriff
übertrumpft sieht. Doch davon abgesehen, bleibt die Frage: was
soll gelten? die antizivilisatorischen *Meistersinger* oder die ur-
demokratischen? Hier waltet eben doch die »Logik des hölzernen Eisens«. Wenige Jahre später, in dem Aufsatz *Kultur und
Sozialismus* von 1930, liest es sich wieder anders: »Man applau-
diert in Paris den ›Meistersingern‹. Das heißt die Zusammenhänge verkennen.« Und dann wird der alte, scheinbar überwundene Gegensatz von »Kultur« und »Zivilisation« aus den
Betrachtungen mit dem Nietzsche-Zitat erneut bekräftigt. Was hat
sich wirklich geändert? Auf der Suche nach einer Synthese
gelangt Thomas Mann zu immer kühneren Konstruktionen:
Wagner und Goethe, Novalis und Whitman – geistesgeschichtli-
che Metaphern ohne praktischen Sinn.

Der Fixstern dieser Jahre heißt Nietzsche. Er ist die wichtigste
Zwischenstufe auf Thomas Manns Weg zum Goethe-Modell.
Immer wieder spricht der Autor des *Zauberbergs* von Nietzsches
»revolutionärer Selbstüberwindung«, und im Zeichen Nietzsches
gerät auch die Musik in den Sog dieser Selbstüberwindung. Auf
sie fällt ein Schatten, der anwächst zum Zweifel und schließlich
zum Verdacht. Die neue Formel dafür heißt: Musik und Kritik.
Sie findet sich zum erstenmal in einer Nietzsche-Rede von 1924.
Thomas Mann verleiht ihr allgemeine Gültigkeit, und er wird sie
bis ans Ende der dreißiger Jahre in immer neuen Variationen
durchspielen. Sie dringt ein sogar in die vergleichsweise helle
und heitere Welt der Josephs-Romane, wo etwa Jaakob »die blöde
und wüste Idyllik« des flötenspielenden Esau verhaßt ist – er
nennt sie »unverantwortlich« und verachtet sie. Und spät noch
in der Tetralogie heißt es: »Liederwesen ist leider nicht fern von
der Liederlichkeit«.

Das Hauptbuch des kritischen Musik-Diskurses ist der *Zauberberg*. In ihm, der bekanntlich dem Modell des Bildungsromans
folgt, wird die Selbstüberwindung zum eigentlichen Thema. Den
Helden Hans Castorp stellt Thomas Mann zwischen die beiden
Pädagogen, den liebenswürdigen Settembrini und den dämoni-

schen Naphta. In dieser Konstellation muß der italienische Humanist die Einwände gegen die Musik formulieren: »Musik«, heißt es da, »ist das halb Artikulierte, das Zweifelhafte, das Unverantwortliche, das Indifferente... auf die Wirkung der Opiate versteht sie sich aus dem Grunde. Eine teuflische Wirkung, meine Herren! Das Opiat ist vom Teufel, denn es schafft Dumpfsein, Beharrung, Untätigkeit, knechtischen Stillstand... Es ist etwas Bedenkliches um die Musik, meine Herren. Ich bleibe dabei, daß sie zweideutigen Wesens ist.« Hans Castorp läßt es sich gesagt sein: Seine Selbstüberwindung erleben wir, fast am Ende des Buches, in dem Kapitel *Fülle des Wohllauts*, wo er das gerade erfundene Grammophon bedient. Bereits die Auswahl seiner Lieblingsplatten verweist auf den späten Nietzsche: Verdi, Gounod, Bizet, Debussy. Debussys *Nachmittag eines Fauns*: das ist die Erlösung des Bürgers vom Leistungszwang der Konkurrenzgesellschaft. Hans Castorp, der junge Invalide aus dem protestantischen Norden hat bei dieser Erlösung nicht einmal ein schlechtes Gewissen: »Der junge Faun war sehr glücklich auf seiner Sommerwiese. Hier gab es kein ›Rechtfertige dich!‹, keine Verantwortung... Hier herrschte das Vergessen selbst, der selige Stillstand, die Unschuld der Zeitlosigkeit: Es war die Liederlichkeit mit bestem Gewissen, die wunschbildhafte Apotheose all und jeder Verneinung des abendländischen Aktivitätskommandos, und die davon ausgehende Beschwichtigung machte dem nächtlichen Musikanten die Platte vor vielen wert.« Die fünfte, letzte und liebste Platte Hans Castorps ist Schuberts *Lindenbaum*. Geistige Sympathie mit dieser Musik ist »Sympathie mit dem Tode«. Sie muß – und hier spricht nicht mehr der schlichte Hans Castorp, sondern der »Held der Überwindung« Nietzsche und durch ihn Thomas Mann –, sie muß »überwunden« werden: »Ja, Selbstüberwindung, das mochte wohl das Wesen der Überwindung dieser Liebe sein, – dieses Seelenzaubers mit finsteren Konsequenzen...«

Am Ende des Romans verschwindet Hans Castorp im Pulverdampf des Ersten Weltkriegs, das Lindenbaum-Lied auf den Lippen. Und die praktische Lösung? Selbst der Erzähler muß eingestehen, daß er sie seinem schlichten Helden nicht zutraut. 1924, im Erscheinungsjahr des *Zauberbergs*, schreibt er: »Jedem, dem es darum zu tun war, dem deutschen Wesen Form, Bewußtheit, helle Weltgültigkeit, *Vornehmheit* in der Welt zu verleihen, hat, und ob er sich noch so schmerzhaft ins eigene Fleisch dabei schnitt, das zweideutige Dunkelheitselement der Musik in Deutschland bekämpfen müssen. Ja, man müßte denjenigen hassen, aber man müßte ihm heimlich beipflichten, der es wagte, die Musik ›ein Hindernis deutscher Menschlichkeit‹ zu nennen.« – Heimlich beipflichten und dennoch hassen – das ist eine Umschreibung für Selbsthaß. Ist Selbsthaß die Lösung und der Weg zur »Liebe«, von der am Ende des *Zauberbergs* die Rede ist? Wie wankend und schwankend es um Thomas Manns Philosophie der Musik bestellt ist, läßt sich auch daran ablesen, daß er gleichzeitig völlig entgegengesetzte Äußerungen tut. In der pädagogischen Provinz von Goethes *Wanderjahren* etwa hat die Musik auch für Thomas Mann alles Zweideutigkeitswesen abgeworfen, sie erscheint vielmehr als ideales Erziehungsmittel, ja als geistiges Symbol des vollkommenen Staates: »Dieser Geist ist der Geist der Musik,« heißt es einmal, »der Geist der Kultur . . . wodurch allein zuletzt ›das Unmögliche‹, d. h. der Staat als Kunstwerk möglich wird; es ist ein aller Wildheit ferner und entgegengesetzter, man möchte sagen dürfen: es ist deutscher Geist.« Wenige Jahre, bevor Kultur und Staat in Deutschland in Finsternis und Barbarei stürzten, ist dies eine Utopie mit illusionären Zügen – ein Traum, was sonst? Doch fällt es schwer, ihn sich untermalt von den Klängen Wagnerscher Musik vorzustellen.

Thomas Mann, wie gesagt, neigte dazu, die Musik Wagners mit der Musik überhaupt gleichzusetzen. Und Wagner ist auch der einzige Komponist, mit dem sich Thomas Mann – von den Pfitzner-Passagen der *Betrachtungen* einmal abgesehen – essayistisch auseinandergesetzt hat: in einem knappen Dutzend von Aufsätzen. Die beiden wichtigsten und umfangreichsten – *Leiden und Größe Richard Wagners* und *Richard Wagner und der ›Ring des Nibelungen‹* – erschienen 1933 und 1937.

Beide sind Meisterstücke kritisch-einfühlender Interpretation, die zeigen, daß die von Nietzsche erlernte Durchdringung von Musik und Kritik der Wagner-Sphäre eigentümlich angemessen ist; sie gehören zum Besten, das je über Wagner geschrieben wurde. Vieles in diesen Aufsätzen ist nicht eigentlich neu, die Vorbilder Nietzsche und Shaw werden nicht verleugnet. Aber vor allem im zweiten, im *Nibelungen*-Essay, ist das Bild Wagners ins Sozialpsychologische vertieft, werden psychoanalytische Interpretationseinsichten erreicht, die Nietzsche in dieser Form noch nicht möglich waren. Und aus der nicht zuletzt durch die Zeitumstände geschärften kritischen Hellhörigkeit entsteht so ein Wagner-Bild, das das wenig später entstandene Wagner-Buch Theodor W. Adornos in mancher Hinsicht antizipiert.

Freilich entsteht dieses kritische, skeptisch-ambivalente Wagner-Bild Thomas Manns nicht erst in den dreißiger Jahren. Der noch jugendliche Verfasser des *Tonio Kröger* und der Novelle *Tristan* war eben nicht nur ein Wagner-Bewunderer, sondern auch ein Nietzsche-Adept. Schon ein früher Aufsatz spricht mit Blick auf Wagner von einer »Liebe ohne Glauben«, von seiner »tieffragwürdigen« Künstlernatur. An dieser Ambivalenz wird sich auch später nichts ändern, zahlreiche Formulierungen kehren bis in Thomas Manns letztes Lebensjahrzehnt beinahe wörtlich wieder. Was er einmal über Nietzsche sagt – in dem Aufsatz *Nietzsche's Philosophie im Lichte unserer Erfahrung* –: »In Nietzsche's Verhältnis zu Wagner ist *kein* Bruch, was man auch sagen möge« – das gilt auch für ihn selber. Auch in *seinem* Verhältnis zu Wagner ist kein Bruch, sondern nur Kontinuität der Ambivalenz. In dem Nietzsche-Aufsatz heißt es weiter: »Über Wagner hat er Dinge gesagt, daß man seinen Sinnen nicht traut, wenn im ›Ecce homo‹ plötzlich von der *heiligen* Stunde die Rede ist, in der Richard Wagner in Venedig starb. Wieso, fragt man sich, Tränen in den Augen, ist diese Sterbestunde auf einmal ›heilig‹, wenn Wagner der üble Histrione, der verderbte Verderber war, als den Nietzsche ihn hundertmal geschildert hat?« Auch hier spricht Thomas Mann im Grund von sich selber, denn auch er hat Wagner als Verderber beschrieben, hat über ihn

»Dinge gesagt«. Wagner: »die deutsche Mischung aus Barbarismus und Raffinement«, heißt es 1949 in einem Brief an Emil Preetorius. Und weiter: »Können Sie die Pariser Venusbergmusik noch gut hören? Es ist ja wirklich zuweilen unappetitlich. Und, wieder anders: Können Sie Hans Sachsens Theatersinnigkeit noch recht vertragen, die Gans, Evchen traut, den ›Juden im Dorn‹, Beckmesser?« – Aber das ist nur die halbe Wahrheit, und das »Und dennoch!« folgt noch im selben Atem: »Ein Können, ein Talent, eine Vortragskunst – nicht zu sagen.« Neulich, fährt Thomas Mann fort, habe er wieder den ersten *Tristan*-Akt gehört und sei »vollständig begeistert« gewesen, er schlage »an Ausdruckskraft schlechthin alles«. Und dann: »Ich werde eben wieder jung, wenn es mit Wagner anfängt.« – In einem Aufsatz von 1951 tritt die Ambivalenz noch deutlicher hervor: ». . . wir haben diesen Wagner wieder vor Augen, und da ist viel Abstoßendes, zuviel ›Hitler‹, wirklich zuviel latentes und alsbald auch manifestes Nazitum, als daß rechtes Vertrauen, Verehrung mit gutem Gewissen, eine Liebe möglich erschiene, die sich ihrer nicht zu schämen brauchte.« Doch Thomas Mann schämt sich in Wahrheit seiner Wagner-Liebe nicht, und seine Einsicht bleibt ohne Konsequenzen. Im selben Aufsatz nennt er die Bedenken »Schein-Ablehnungen«; ihm sei, fährt er fort, im Hinblick auf Wagner »jeder Ausdruck recht: der kritisch-skeptischste und der lobpreisend-gehobenste«. Dabei ist es geblieben.

Als 1933 der Aufsatz *Leiden und Größe Richard Wagners* erschien, zu Wagners fünfzigstem Todestag, kam es zum ersten schweren Konflikt Thomas Manns mit den Nazis. Pfitzner, Richard Strauss, Knappertsbusch u. a. unterschrieben ein Pamphlet, in dem sie Thomas Mann beschuldigten, von Wagner nur die »verzerrte Fratze« gezeigt zu haben. Thomas Mann war vollständig konsterniert. Wie 1913, vor dem Ersten Weltkrieg, als er seinem Bruder die »Unfähigkeit« eingestanden hatte, sich »geistig und politisch eigentlich zu orientieren«, war er auch diesmal zunächst orientierungslos. Das Protest-Pamphlet nannte er ein »schweres Mißverständnis« und ein »bitteres Unrecht«. Noch immer hoffte er, eine Verständigung sei möglich, noch begriff er nicht, daß das Mißverständnis bei ihm lag. Aber selbst nachdem die Fronten klar waren, nach dem *Briefwechsel mit Bonn* zum Jahreswechsel 1936/37, vermochte Thomas Mann sich Hitler und den Nationalsozialismus nur durch Wagner zu erklären. Das Wagnerische in Hitler, das Hitlerische in Wagner – das ist der psychische Komplex, der dem berühmten Aufsatz *Bruder Hitler* von 1938 zugrundeliegt. Hitler, heißt es darin, ist »wagnerisch, auf der Stufe der Verhunzung«.

Begreift man das Denkmodell Thomas Manns, dann erscheint er auch hier konsequent. Denn in der deutschen Politik bestätigte sich ja, was er schon immer geahnt und gewußt und dann auch gesagt hatte: daß Wagner und die Musik fragwürdig, daß sie »Opiate« und also »vom Teufel« seien; daß Kunst überhaupt mit Scharlatanerie zu tun habe, mit »sozialer und seelischer Bohème«. Was ist Faschismus anders als seelische Bohème, schlechte Romantik, verhunztes Künstlertum? Die Frage enthält, in nuce, das ganze Faschismus-Verständnis Thomas Manns. Hier liegt aber auch die Keimzelle des Romans vom *Doktor Faustus: Das Leben des deutschen Tonsetzers Adrian Leverkühn, erzählt von einem Freunde*. »Beziehung ist alles«, sagt Adrian Leverkühn, und er erklärt es seinem Freund Zeitblom mit den Worten: »Nimm den Ton oder den. Du kannst ihn so verstehen oder beziehungsweise auch so, kannst ihn als erhöht auffassen von unten oder als vermindert von oben und kannst dir, wenn du schlau bist, den Doppelsinn beliebig zunutze machen.« – Leverkühn beschreibt hier das Prinzip der enharmonischen Verwechslung. Mit diesem Prinzip arbeitet auch der Autor des Romans selber, es ist das Prinzip einer unermüdlich alles mit allem in Beziehung setzenden kombinatorischen Phantasie und assoziierenden Intelligenz: Begriffsbildung gleichsam als modulatorisch-chromatische Artistik ohne genau bestimmbare Grundtöne. »Musik«, sagt Leverkühn, »ist Zweideutigkeit als System«.

Hier ist die dritte Stufe der Ideologiebildung Thomas Manns erreicht. In der Rede *Deutschland und die Deutschen* spricht er, wie früher in den *Betrachtungen eines Unpolitischen*, von »deutscher

Seele«, »deutschem Gemüt«, vom »Rätsel im Charakter und Schicksal dieses Volkes«. Er will »suggerieren« (Thomas Mann selber gebraucht dieses Wort) »eine geheime Verbindung des deutschen Gemüts mit dem Dämonischen«; das sei zwar, fügt er hinzu, »nicht leicht zu vertreten«, aber eine Sache seiner »inneren Erfahrung«. Was aber ist das Dämonische? Thomas Mann nennt es die »Musikalität der deutschen Seele«, von der er jetzt meint, daß sie sich »in anderer Sphäre teuer bezahlt, – in der politischen, in der Sphäre des menschlichen Zusammenlebens«. So etwa verläuft der Gedanken-, oder besser der Assoziationsweg. Die Verbindung »Musik und Dämonie« kennen wir bereits aus dem Frühwerk; die andere Verbindung »Musik und Deutschheit« aus den *Betrachtungen eines Unpolitischen*; nun werden Dämonie und Deutschheit ihrerseits im Zeichen der Musik verbunden. Der zentrale Mythos der Deutschen, die Faust-Sage, muß »korrigiert«, ins Musikalische umgedeutet werden: »Es war ein großer Fehler der Sage und des Gedichts, daß sie Faust nicht mit der *Musik* in Verbindung bringen. Er müßte musikalisch, müßte Musiker sein.« »Musikalisch«, »dämonisch« und »deutsch« sind für Thomas Mann im *Doktor Faustus* fast identische, gleichsam enharmonisch auswechselbare Begriffe.

Freilich sind die Begriffe abstrakt, formal, inhaltsleer. Ihre inhaltliche Bestimmung geschieht durch Thomas Manns kühnste, verwegenste Begriffsassoziation, die in den Bereich des Theologischen führt, sie mit Gott in Beziehung setzt, stärker aber noch mit dem Teufel, mit dem Geschlechtlichen, besonders aber der Sünde. Musik als Chiffre der Sünde, wie schon in Tolstois *Kreutzersonate*, als Kompensation verdrängter Erotik, ja als Erotik selbst – wir kennen das aus dem Frühwerk, aus *Buddenbrooks* und *Tristan*, es begleitet unterschwellig das gesamte Werk Thomas Manns. Es war die Welt Wagners, ihr hemmungsloses musikalisches Triebleben, dem Hanno Buddenbrook verfiel. Nun wird Wagner gewissermaßen mit den Augen Schopenhauers betrachtet, und die »zügellose Orgie«, die Hanno am Klavier zu Tode brachte, manifestiert sich, im fortgeschrittenen Stadium, als Adrian Leverkühns syphilitische Infektion. »Eine hochtheologische Angelegenheit, die Musik – wie die Sünde es ist, wie ich es bin«, sagt der Teufel zu Leverkühn. Der liest gerade Kierkegaards Abhandlung über Mozarts *Don Juan*, in der die Musik als Bereich des Erotisch-Dämonischen bestimmt wird, christlich gesprochen als Sünde. Die Versuchung erscheint für Adrian in der Gestalt der Hetaera Esmeralda – »Engel des Giftes« wird sie auch genannt, was aber nur ein anderer Name ist für Sammael, den Teufel –, und er weicht ihr aus, rettet sich vor ihr bei seinem ersten Bordellbesuch, indem er auf dem Klavier die Modulation »von H- nach C-Dur« spielt. Es ist die Musik des Eremiten aus dem *Freischütz*, mit der der heilige Mann dem Versucher Samiel entgegentritt. Dem Heiligen ist die heile C-Dur-Welt, dem Teufel die chromatische Auflösung der Tonalität zugewiesen. – Thomas Mann hat sich freilich mit dieser gleichsam innermusikalischen Ideenverbindung nicht begnügt. Die syphilitische Infektion steht ja im *Faustus*-Roman stellvertretend für die Infektion der Musik, der Kultur, Deutschlands und der deutschen Geschichte, für den Teufelspakt des deutschen Volkes mit Hitler, für die Banalitäten und Infamien des Bösen. Ein Ausweg wird nicht gewiesen, das Erbe der deutschen Kultur wird im Gegenteil, sogar in der Gestalt Beethovens, der Neunten Sinfonie, »zurückgenommen«.

Im Frühjahr 1945 unterbrach Thomas Mann die Arbeit am *Doktor Faustus*, unmittelbar nach dem zentralen Kapitel XXV, das Adrian Leverkühns Teufelsgespräch in Palestrina enthält, um die Rede über *Deutschland und die Deutschen* zu schreiben. Er hielt sie im Sommer 1945 aus Anlaß seines siebzigsten Geburtstags in Washington und New York. Die Musiker, die ihm zuhörten, nahmen sich die Rolle, die die Musik darin spielt, »schmerzlich zu Herzen«, Adolf Busch zum Beispiel, der Geiger und Kammermusiker und ein deutscher Emigrant wie Thomas Mann. »Noch weiß ich«, schreibt dieser, »wie ich den betrübten Adolf Busch spät in der Nacht vom Hotel aus anrief, um ihm zu versichern, daß die Bedenklichkeiten, die ich gegen die deutscheste der Künste vorgebracht, nur eine Form der Huldigung seien.« Läuft das nicht darauf hinaus, daß der Autor die Verantwortung für

das, was er gesagt hat, nicht übernehmen möchte? Daß er seinen
Worten einen heimlichen Gegensinn unterschiebt? Und daß die
»Bedenklichkeiten« in Wahrheit so ernst nicht gemeint sind? –
Dem Erzähler seines Romans, Serenus Zeitblom, legt Thomas
Mann den Satz in den Mund, »daß man zum Widerspruchsvol-
len sich nur widerspruchsvoll verhalten kann«.

Der Widerspruch also bleibt. Wie Thomas Mann die Musik
letztlich sieht – ob als »seelische Möglichkeiten zum Kriege«, wie
in den *Betrachtungen eines Unpolitischen*, als »heiligen Grundtypus
der Kunst«, oder als Teufelswerk, wie im *Faustus*, das ist am Ende
nur eine Frage der »ethischen Stimmung«. Sie war in der Epoche
Thomas Manns gewissen Schwankungen unterworfen. »Hitler«,
heißt es einmal, »hatte den großen Vorzug, eine Vereinfachung
der Gefühle zu bewirken . . . Die Jahre des Kampfes gegen ihn
waren moralisch gute Zeit.« Als der Kampf vorbei, Hitler-
Deutschland besiegt, die syphilitische Infektion geheilt war, war
alles wieder so wie früher, und die Vereinfachung der Gefühle
wich der alten Ambivalenz. Auch musikalisch hatte sich nichts
verändert. Seinen letzten Wagner-Aufsatz schloß Thomas Mann
mit den Worten: ». . . auch jetzt, selbst jetzt, gerade jetzt . . .« Ein
Wunschkonzert, das der Neunundsiebzigjährige 1954 für den
Rundfunk zusammenstellte, enthielt Lieder von Schubert und
Schumann, Beethovens dritte Leonoren-Ouvertüre, Debussys
Fauns-Nachmittag und Wagners *Lohengrin*-Vorspiel. Da ist es
kein Zufall, daß der allerletzte, Mozart zugedachte Essay-Plan
nicht verwirklicht werden konnte. Dem Erzähler Thomas Mann
gelang zwar die Menschheitsdichtung von *Joseph und seinen
Brüdern*, ihm gelang die humoristisch-ironische Umdeutung des
biblischen Mythos ins Zivilisatorisch-Humane, und ihm glückte
die einzigartige Gestalt des jungen Joseph, der gesegnet ist mit
»Segen oben vom Himmel herab und mit Segen von der Tiefe,
die unten liegt«. Dem Essayisten und Musikdenker Thomas
Mann aber gelang nicht mehr der Blick in Mozarts »celeste
Sphäre«; bis zuletzt ließ er sich betören von den traulichen
Klängen der Tiefe.

Die Welt als Wille und Erlösung
oder Der sentimentale Marat

Anmerkungen zu Wagners Aktualität

>»Man hatte mich zuvor in Paris photographiert, und
>der Unmensch von Künstler hatte es für geeignet
>gehalten, mir, ohne daß ich dessen innewerden
>konnte, eine recht affektierte Stellung, mit nach der
>Seite hin verdrehtem Auge, zu geben: mir ist das
>daraus entstandene Porträt höchst zuwider, und ich
>erklärte, ich sähe darauf wie ein sentimentaler Marat
>aus.« *Richard Wagner an Mathilde Wesendonck,*
>*Paris, 23. Mai 1860*

Das tiefe Es aus den Urgründen der Natur und der Seele,
angestimmt in den Baßregionen des Orchesters, steht am Anfang
von Wagners *Ring des Nibelungen* – unvergleichlicher Auftakt
zum weitausgreifenden Weltenspiel. Als Harry Kupfer 1988 in
Bayreuth das *Rheingold* inszenierte, ging dem Vorabend der
Tetralogie mit seinem Anfang aller Anfänge ein kurzes szenisches
Vorspiel voraus. Unter Nebelschwaden, in einer nackten End-
zeitszenerie, versammelte sich auf der Bühne eine Menschen-
schar um eine Art von Kraterloch, den Blick stumm und
bewegungslos ins Publikum gerichtet. Vorn eine liegende Figur,
Alberich – der einzige Überlebende des ganzen *Ring*-Spektakels.
Abblende, grauschwarze Finsternis. Dann erst setzte die Musik
ein.

Wer diesem Regie-Vorspiel zum *Rheingold* zuschaute, erinnerte
sich unweigerlich an das Ende der Tetralogie, wo, laut Wagners
Regiebemerkung, »Männer und Frauen, in höchster Ergriffen-
heit, dem wachsenden Feuerscheine am Himmel zusehen«. Hier,
am Schluß der *Götterdämmerung*, geht die alte Welt zwar unter,
doch eine neue Welt beginnt zugleich: eine Welt, nun im Besitz
mythischer Erfahrung, aufgefordert, aus den Zwangsbestimmun-
gen des Mythos auszubrechen, einzutreten ins Reich der Freiheit, der menschlichen, selbstbestimmten Geschichte. Ein utopi-

scher Schluß aus dem Geist des 19. Jahrhunderts, der französischen Frühsozialisten, Feuerbachs und des jungen Marx, so wie ihn Patrice Chéreau in seiner berühmten »Jahrhundert-Inszenierung« 1976 in Bayreuth gezeigt hat: Wagner, von Schopenhauer und seiner pessimistischen Erlösungsphilosophie gereinigt, zurückgeführt auf den optimistischen Horizont des *Ring*-Konzeptionsjahres 1848.

Zwölf Jahre nach Chéreau, bei Harry Kupfer, wurden die Vorzeichen umgekehrt: das utopische Nachspiel wurde zum endzeitlich-apokalyptischen Vorspiel. Diesem *Ring* ist eine Weltkatastrophe vorausgegangen, und er wird, wie es scheint, in eine neue münden. Die »Unentrinnbarkeit des Mythos« oder »Die ewige Wiederkehr des Gleichen« – so mußte man die szenische Metapher des Anfangs verstehen. Und sie nährte die Vermutung, daß man mit dem ersten stummen Bild dieser Aufführung auch schon ihr letztes vorwegnehmend gesehen hatte. Und wirklich, am Ende der *Götterdämmerung*, wo die Welt erneut aus den Fugen bricht, zeigte Kupfer eine Variation seines *Rheingold*-Vorspiels: Siegfrieds Leiche, auf schwarzem Katafalk, versinkt da in eben jenem Kraterloch, das sich bei seiner Ermordung wieder geöffnet hat; die Gibichungenhalle, eingerahmt von den Bühnenbild-Projektionen einer modernen Wolkenkratzer-Skyline, bricht wie nach einem Atomschlag zusammen, wird von Flammen aufgezehrt, von Wasser überflutet; eine panische Menge sammelt sich in kleinen Gruppen. Und vorn wieder Alberich, der Überlebende des Spiels. Soweit die Rückkehr zum Anfang. Doch hat der Regisseur mit provozierender Drehung der Schraube ein neues Element hinzugefügt, nämlich eine illustre Party-Gesellschaft in Smoking und Abendkleid, die dem eigenen Untergang im Fernsehen zuschaut – eine Gesellschaft, die dem Publikum im Festspielhaus im übrigen sehr ähnlich sieht. Zwei Kinder mit einer Taschenlampe suchen auf der Bühne einen Ausweg aus der Katastrophenszenerie. Thema und Variation. Ewige Wiederkehr, doch unter jeweils veränderten Bedingungen – die Warnung vor der Apokalypse ebenso inbegriffen wie das Prinzip Hoffnung.

Wie inszeniert man Wagners *Ring* in utopieloser Zeit? Bei Harry Kupfer wurde die Tetralogie zum mythischen Gleichnis, zwar geschichtspessimistisch eingefärbt, aber gleichermaßen befreit von den großen gesellschaftspolitisch-emanzipatorischen Entwürfen wie von allen pseudoreligiös verbrämten Erlösungsvorstellungen. Dieser *Ring* spielte weder in märchenhaft-mythischer Vorzeit noch auf einer imaginären Gesellschaftsbühne der Zukunft, er spielte allein *auf dem Theater*, nämlich auf der Bühne des Bayreuther Festspielhauses. Abgetan erschienen hier alle jene Verheißungen und Verfinsterungen früherer Zeiten, die aus dem Versuch erwuchsen, Wagners Bühnenwirklichkeit in politische Praxis zu überführen. Abgetan auch die Schreckensmaske von Wagners Wirkungsgeschichte, die so reich war an schrecklichen, tragischen, schamlos ironischen Mißverständnissen – eine Wirkungsgeschichte, die Wagner beinahe zum Sinnbild des Rassismus und eines engstirnigen Nationalismus machte und hundert Jahre hindurch, ja im Grunde bis heute – besonders im intellektuellen Milieu – das Vorurteil nährte, sein grandioses Werk sei vor allem ein Konglomerat aus Germanenkult, Antisemitismus und musikalischer Kraftprotzerei.

Aber war das nur ein Vorurteil? Nur ein Mißverständnis? Gern möchte man Wagner davor in Schutz nehmen. Aber sogar die Klügeren unter seinen Verteidigern können und wollen nicht bestreiten, daß im wagnerfeindlichen Affekt, in der traumatischen, alle Unbefangenheit verhindernden *Idiosynkrasie* gegenüber Wagner ein wahrer, ein berechtigter Kern steckt; daß gerade bei ihm die *Wirkung* vom *Werk* nicht zu trennen ist. Nirgends ist diese Wirkung, als geschichtliche Realität, aber auch als Aura, so deutlich greifbar wie in Bayreuth, wo Wagner auf dem Grünen Hügel das Festspielhaus baute; in diesem Festspielhaus verkörpert sich alles das, was eine unbeschwerte Liebe zu Wagner so aussichtslos macht. Wagner baute es, um Musteraufführungen seiner Werke zu ermöglichen. Was er plante, war nichts anderes als ein Gegenentwurf zu den Opernhäusern der Metropolen, vor allem zum Prunkbau des Charles Garnier in Paris (der im selben Jahr wie das Festspielhaus vollendet wurde): ein Theater ohne

Prunk und Zierat, ohne Logen und Ränge, mit polsterlosen Sitzen, aus dürftigstem Material. So entstand das Festspielhaus mit seiner asketischen Architektur und seiner einzigartigen Akustik.

Was Wagner darüber hinaus wollte, blieb Illusion. Er baute das Theater in der Provinz, um aus der verhaßten Gesellschaft seiner Zeit zu fliehen. Aber die Gesellschaft holte ihn auch in Bayreuth ein. Wenn er sich sein Publikum vorstellte, dachte er an »das Volk«, nicht an die Reichen und Besitzenden, die Gebildeten, die herrschende Klasse. Aber wer nach Bayreuth kam, mußte zahlen, nicht anders als in Paris und Berlin. Das »Volk« aber, von dem Wagner geträumt hatte, war auch in Bayreuth nur als Akklamationschor vor den Toren zugelassen. »Volkstheater« gab es nur einmal in Bayreuths Geschichte: als Soldaten, Invaliden und Arbeiter der Rüstungswirtschaft von Hitler zur *Götterdämmerung* geladen wurden. Hier konnten sie sich auf der Bühne an dem Schicksal erbauen, das in Stalingrad für sie selber inszeniert wurde. Als das Festspielhaus stand, der *Ring* uraufgeführt war, fühlte Wagner sich sterbenselend. Er hatte das Illusionäre seines Unternehmens erkannt. Doch nun war es zu spät. Das Produkt seines Willens hatte seine Einsicht überholt, es machte sich selbständig. Das war der Preis, den Wagner zahlen mußte für seine Entwicklung vom grollenden Verächter der Bourgeoisie zu ihrem subtilsten und wirksamsten Apologeten, für seinen Weg vom anarchistischen Revolutionär zum pessimistischen Erlösungsphilosophen. Auf diesem Weg errang Wagner einen Sieg nach dem anderen. Aber im ganzen war es eine Niederlage.

Das Bayreuther Ereignis, Wagners Siegeszug und die Reichsgründung fallen, keineswegs zufällig, in dasselbe Jahrzehnt. Was sich hier vollzog, nannte Nietzsche schon nach der Schlacht von Sedan »die Exstirpation des deutschen Geistes zugunsten des deutschen Reiches«. Bayreuth ging dabei voran. Hier pflegte man schon, mit der Kunstreligion auf der einen Seite, dem maßlosen Weltbeglückungsanspruch auf der anderen, die neue Reichsideologie. Mühelos ließ sich Bayreuth in die wilhelminische Prunk- und Eisenfassade einmontieren. Wagners »Pomp«

bezeugte die Überlegenheit der deutschen Kultur, seine Monumentalität entsprach dem deutschen Weltmachtstreben, seine weltanschauliche Totale wurde zum Nährboden schlimmer Theorien.

»Richard Wagner in Bayreuth« – das war auch eine faszinierende Formel für die entfesselten Aporien der deutschen Provinz: Deutschtümelei und Kunstreligion, Stammtischmentalität und Schöngeistigkeit, Brutalität und Selbstmitleid. Wen kümmerte es, ob die Formel stimmte? Auch die feineren Geister kamen bei Wagner auf ihre Kosten, sogar Nietzsche, der freilich *diesen* Wagner, den Wagner schwerterrasselnder Germanen, für ein »deutsches Mißverständnis« hielt.

Es gehört zu den schon oft widerlegten, aber zählebigen Legenden um Bayreuth, daß Hitler und der Nationalsozialismus dort erst nach 1933 Einzug gehalten hätten. Umgekehrt ist es richtig: Um seinen deutschen Siegeszug antreten zu können, mußte Hitler erst lange genug Bayreuther Luft atmen, die schwüle Luft eines chauvinistischen Treibhauses; um *Mein Kampf* zu schreiben, mußte er sich erst den Ungeist der *Bayreuther Blätter* einverleiben. Die in diesem einflußreichen Organ der Bayreuther Ideologie schrieben, waren die Wolzogen, Chamberlain und ihre reaktionären Kumpane: alldeutsche Expansionisten, arische Rassefanatiker, antisemitische Hetzschreiber. Winifred Wagner legte schon 1923 ein öffentliches Bekenntnis zu Hitler ab. Im Jahr darauf schrieb Hitler nach einem ersten Wahlerfolg in Bayreuth an Siegfried Wagner: »Ist doch gerade dies nur der Dank für die Arbeit, die in erster Linie Ihnen und Ihrer Frau Gemahlin zuzuschreiben ist. Stolze Freude faßte mich, als ich den völkischen Sieg gerade in der Stadt sah, in der, erst durch den Meister und dann durch Chamberlain, das geistige Schwert geschmiedet wurde, mit dem wir heute fechten.« Fortan fehlten bei keinem Festspiel die nationalsozialistischen Kundgebungen. Es dauerte nicht lange, bis Julius Streicher den Befehl zur Zerstörung der Nürnberger Synagoge mit den Wagner-Worten aus den *Meistersingern* gab: »Fanget an!«

Nach 1945 wurde Bayreuth entnazifiziert. Die Generation der

146

Enkel entmachtete die der Väter (und Mütter). Ihr fiel nun die Aufgabe zu, die fragwürdige Konkursmasse zeitgemäß aufzubereiten und einer neuen Gesellschaft, die freilich so neu nicht war, wieder erträglich, zugänglich, vielleicht sogar unentbehrlich zu machen. Die Geschichte ist in den Grundzügen allgemein bekannt: vor allem Wieland Wagner ging daran, neue Aspekte des Gesamtkunstwerks zu entdecken. Zunächst ging das nicht ohne Widerstände ab. Die Ewig-Gestrigen, die Fanatiker der Werktreue, die Altwagnerianer traten auf den Plan und klagten, das neue Bayreuth sei in die Hände der Anti-Wagnerianer gefallen. In Wirklichkeit war, im ganzen gesehen, die Irritation über Wieland Wagners Erneuerung weniger tief als das Geschrei darüber laut war: keine Reform wurde lebhafter bejubelt und bereitwilliger akzeptiert als die Neu-Bayreuther. Von heute aus erkennt man überdies, daß es Wieland Wagner mehr um eine ästhetisch-psychologische als um eine politisch-historische Neudeutung ging, daß er den Zeitkern des Wagnerschen Werkes geflissentlich mied und ins Zeitlose des Mythos auswich. Sein Abstraktionismus kam den Bedürfnissen eines traditionell unpolitischen Publikums entgegen. Ohnehin unterschied sich dieses Publikum, vom deutschvölkischen Element abgesehen, zunächst nicht sehr vom alten: politische Prominenz, »Society« in fast allen ihren Spielarten, alt- und neureiche Wirtschaftswunderprofiteure, als Grundfarbe breite Bürgerlichkeit; daneben die unvermeidlichen Opernfans, französische Enthusiasten, internationales Ästhetentum. Bayreuth stellte sich darauf ein. Als die Festspiele 1951 wieder eröffnet wurden, verbat man sich politische Debatten, ließ auf dem Grünen Hügel anschlagen: »Hier gilt's der Kunst!«

Die rasche Konsolidierung des neuen Bayreuth konnte freilich nichts daran ändern, daß der größte Teil der westdeutschen Intelligenz auf Distanz zu Bayreuth hielt. Sie gleichsam als kulturelles Bindemittel zu gewinnen, gelang den neuen Gralshütern nicht. Das mochte daran liegen, daß die erfolgreiche Verdrängung von Schuldgefühlen doch nicht ganz folgenlos blieb. Sie reflektierten sich im kollektiven Unbewußten und im kulturellen Gesamtklima. Daher rührte die Fremdheit, das tiefverwurzelte Mißtrauen, auch die Überheblichkeit gegenüber Wagner und Bayreuth im allgemeinen Bewußtsein. Es war ein kulturelles Trauma, in dem sich bewußte Negation und unbewußte Scheu vor dieser im Irrationalen verwurzelten »Ausdruckskunst« (»Je déteste l'Ausdruck«, schrieb Wagners posthumer Antipode Strawinsky) auf eine ihrerseits irrationale Weise vermischten: die Zeit nach 1945 war eine Zeit der Wagner-Ferne.

Auch das ist historisch geworden und abgetan – nicht nur das Neu-Bayreuth Wieland Wagners, sondern auch schon die Zentenarfeier der Festspiele und die großen Regieexperimente am *Ring des Nibelungen* in den siebziger Jahren, die den utopischen Gehalt der Tetralogie wiederentdeckten, zuweilen etwas ungestüm, ja gewaltsam, bei Chéreau aber mit bezwingender, auch artistisch begeisternder Darstellungslust. Wir haben seither die Wagner-Filme Syberbergs gesehen, haben die Tagebücher der Cosima Wagner gelesen und die große Wagner-Biographie von Gregor-Dellin. Und wir haben erlebt, wie der Versuch Peter Halls schon im Ansatz scheiterte, Wagners *Ring* in Bayreuth aus dem Geist eines naiven Naturromantizismus und sogenannter »Werktreue« zu inszenieren. Solcher Historismus altert rascher als die Zivilisationsruinen, zwischen denen Wagners Figuren bei Chéreau agieren. Bei Kupfer schließlich sind die Ruinen zu Mahnmalen zerstörter Vorzeit geworden, zu gleichnishaften Bildern eines Préhistoire, in dem unsere tödlich bedrohte Welt sich ahnungsvoll-leichtsinnig spiegelt. Es läßt sich daran in bestürzender Weise Wagners Aktualität ablesen, weitgehend losgelöst übrigens von seiner Wirkungsgeschichte. Wirkt also auch bei Wagner – fast möchte man sagen: endlich! – das Gesetz der historischen Entropie?

In der Einleitung seines 1978 erschienenen Buches *Richard Wagner: Mitwelt und Nachwelt* hat Hans Mayer die Auffassung vertreten, »dies alles« – und damit bezieht er sich auf eine Wagner-Kritik, die in der Nachfolge Nietzsches bis zu Ernst Bloch und Theodor W. Adorno reicht – scheine »abgetan in unserer Zeit«. Man muß es so sehen, wenn man wie Hans Mayer der Meinung ist, alle spätere Wagner-Kritik sei bereits bei Nietzsche aufs genaueste vorgebildet. Und wirklich, noch immer buchstabieren Wagners Kritiker die Formeln von Nietzsches Polemik nach: der Welteroberer, der den Pessimismus predigt; der Weltüberwinder, der die Sinnlichkeit ausbeutet und sich auf alle demagogischen Künste versteht; der »Klingsor aller Klingsore«, gewalttätig und subtil, deutschtümelnd und überraffiniert. Es gehört zu den Paradoxen um Wagner, daß er, was die Zwiespältigkeit seines Nachruhms betrifft, gerade in Nietzsche, seinem Antipoden, einen unheimlichen Doppelgänger besitzt. Denn auch Nietzsche blieb bis heute ein Gefangener seiner Wirkungsgeschichte. Hier wie dort wollen die affektiven Bindungen, in Haß oder Liebe, sich nicht lösen, bleiben die Kritiker in Idiosynkrasien befangen, die kein Hinweis auf Genie und Größe entkräftet.

Hans Mayer nennt diese Auseinandersetzungen »katalaunische Schlachten«. Bezeichnenderweise trägt sein Aufsatz den Titel *Wir Wagnerianer* – was man nicht nur als Selbstironie verstehen muß, sondern vor allem als Ironie gegenüber den notorischen, den unverbesserlichen Anti-Wagnerianern. In dieser doppelten Verschränkung des Problems läßt sich Hans Mayer kaum widersprechen. Aktuelle Wagner-Kritik reduziert sich bald auf jene drei Steine des Anstoßes, an denen sich in hundert Jahren allenfalls Farbe und Beleuchtung, nicht aber Wesen und Substanz verändert haben: Wagners Persönlichkeit, Wagners Ideologie, Wagners Musikästhetik. Erich Kuby z. B. hat aus Anlaß von Wagners hundertstem Todestag noch einmal dessen problematischen Charakter beschrieben, den Egozentriker und Monomanen, den Opportunisten und geistigen Mitläufer, das Pumpgenie und den Judenhasser. Dies alles wird man als unbestreitbar gelten lassen müssen und darüber hinaus gern bekennen, daß Wagners entschiedene Kritiker meist sympathischer und vertrauenerweckender erscheinen als seine oft fatalen Verehrer. Dennoch ist, was Kuby vorträgt, keineswegs neu und in der vollständigen Ausklammerung, ja Außerachtlassung des *Werkes* ein glatter Rückfall hinter Nietzsche, der niemals vergaß, daß ein Werk vom Range des *Tristan* durch den Charakter seines Schöpfers nicht widerlegt werden kann. Das ist wirklich ein katalaunisches Schlachtfeld.

Und hilft uns der Einwand gegen den Musiker und Musiktheoretiker Wagner weiter, wie ihn am ungeniertesten Dietmar Holland formulierte, als er von »Musik für Unmusikalische« sprach? Auch das steht schon bei Nietzsche, der Wagner vorwarf, aus der Musik ein bloßes »Mittel des Ausdrucks«, der »Theater-Rhetorik« gemacht zu haben. Es ist der alte, schon damals anachronistische, heute nur noch hilflos wiederholte Einwand des Klassizisten gegen Wagner, der durch die Musikgeschichte, von Schönberg bis Boulez, von Mahler bis Henze, widerlegt worden ist. - Bleibt der dritte Stein des Anstoßes, Wagners »Ideologie« (die meist als Synonym gebraucht wird für seine Deutschtümelei und seinen Antisemitismus). Hartmut Zelinsky hat die Ideologiekritik am schärfsten formuliert, als er den für Wagner zentralen Begriff der Erlösung als religiös drapierte Endlösungsphantasie zu enttarnen versuchte: im *Parsifal* sei sie für die gesamte Konzeption des Werkes bestimmend geworden. Und in Zelinskys Nachfolge hat Rolf Schneider in der Erzählung *Die Reise zu Richard Wagner* seine Hauptfigur, den jüdischen Kapellmeister Hermann Levi, während der Uraufführung des *Parsifal* visionär in die Gaskammern von Auschwitz schauen lassen. Was, noch im Erschrecken, an solchen Mutmaßungen befremdet, ist die Eindeutigkeit der Zuschreibung. Der weitere ideologische Zusammenhang aber wurde auch hier schon von Nietzsche umrissen, der den *Parsifal* ein »Attentat auf die Sittlichkeit« und eine »Aufreizung zur Widernatur« nannte - ein »Werk der Tücke, der Rachsucht, der heimlichen Giftmischerei gegen die Voraussetzungen des Lebens«.

Man zögert, auch dieses Schlachtfeld ein katalaunisches zu nennen. Hier bleibt ein Trauma, eine historische Erbschaft, die angetreten werden muß, die allenfalls verdrängt, nicht aber vergessen werden kann. Die Kunst des Vergessens, schrieb Nietzsche, ist die einzige, die nicht erlernt werden kann. D. h., es geht längst nicht mehr um die abstoßenden Züge in Wagners Charakter, auf die ein moralisierender, teilweise bornierter, oft selber ressentimentgeladener Antiwagnerianismus lange fixiert blieb; es geht um die Widersprüche dessen, wofür Wagner historisch einsteht: die Widersprüche seines Werks, in denen sich die seiner Epoche spiegeln – und die der unseren ebenso. Gewiß war Wagner ein Renegat der Revolution von 1848/49 – aber damit ging er nur den allgemeinen Weg des deutschen Bürgertums; gewiß war er ein Prophet der Kunstreligion – doch stoßen seine späten Werke in den Schwellenbereich der Moderne vor; gewiß versuchte er aus der Geschichte herauszutreten – und doch entwarf er im Durchforschen mythischer Konstellationen ein Posthistoire, das brennend aktuell ist in einer Zeit, für die das Ende der Geschichte zur realen Möglichkeit geworden ist. Wagners Werk ist, wie seine Person, gleichsam der Schauplatz vieler divergierender, sich überschneidender, sich überlagernder historischer Tendenzen. Was daran widersprüchlich ist, erscheint an ihm, dank seiner enormen künstlerischen Produktivkraft, in besonders radikaler Ausprägung – als Unbedingtheit seines Künstlertums, aber auch in den inneren Widersprüchen eines Charakters, der im Konflikt mit seiner Zeit, im oftmals heroischen Kampf mit seiner Epoche deren innerste Tendenz, ihre verblüffendste Paradoxie ausprägt – voran die Paradoxie, daß ein Willensmensch ohnegleichen zum Anhänger und Verherrlicher der Erlösungsphilosophie werden konnte.

Die Welt als Wille und Erlösung: der abgewandelte Schopenhauer-Titel faßt die Paradoxie in eine beinahe ironische Formel. Thomas Mann hat sie in seinem großen Wagner-Aufsatz mit dem Pathos der Liebe ausgelegt: »Leidend und groß, wie das Jahrhundert, dessen vollkommener Ausdruck sie ist, das neunzehnte, steht die geistige Gestalt Richard Wagners mir vor Augen. Physiognomisch zerfurcht von allen seinen Zügen, überladen mit allen seinen Trieben . . .« Da ist Wagner, der tatkräftige, energievolle, von sich selber und seinen künstlerischen Plänen überfließende Willensmensch, da ist, auf der anderen Seite, der leidende, trost- und verständnisbedürftige, oft physisch kränkelnde, bis zur Morbidität verfeinerte, lebenslang nach Erlösung von der Willensfron lechzende Märtyrer, der sich auf das Rad des Ixion geflochten sieht; da ist der Arbeitsethiker und Kunstmoralist, der die Askese und notfalls den Umsturz predigt und der Welt, wenn ihr nicht anders beizukommen ist, eine Feuerkur verschreiben möchte, und da ist der luxusbedürftige Sinnenmensch, der verschwendungssüchtige *décadent*. Es sind auch diesmal Nietzsche-Formeln, die den Widerspruch, die Paradoxie am genauesten umreißen – bis hin zur scharfsinnigen, die eigene Wagner-Verfallenheit kaum verbergenden, die eigene Liebe unerbittlich kasteienden Diagnose des Psychologen: »*Wagner est une névrose*«. Wo anders aber finden wir Wagner außer in diesem Widerspruch, im unauflöslichen Mit- und Nebeneinander des scheinbar Unvereinbaren?

Seine künstlerischen Pläne hat Wagner fast ausnahmslos verwirklicht. Die großen Werke, meist früh geplant und entworfen, hat er, oft unter Überwindung größter Schwierigkeiten, spät, oft erst nach Jahrzehnten vollendet: die *Meistersinger* nach dreiundzwanzig Jahren, *Parsifal* nach fünfundzwanzig, die *Nibelungen* schließlich nach achtundzwanzig Jahren. Ein politisches Exil von zwölf Jahren Dauer vermochte, trotz teilweise widrigster Umstände, Wagners Willenskraft nicht zu brechen. Auch hier stehen wir vor dem Paradox, daß der Künstler, der in dieser Zeit das *Rheingold*, die *Walküre*, zwei Akte des *Siegfried* und *Tristan und Isolde* schrieb, aber gleichsam nur für die eigene Schublade, ohne auch nur eines dieser Werke aufführen zu können, der für das Opernpublikum also lediglich der Komponist seiner romantischen Frühwerke blieb, – daß eben dieser Künstler 1861, als *Tannhäuser* an der Pariser Oper aufgeführt wurde, eine europäische Berühmtheit war – zwölf Jahre zuvor, als der steckbrieflich gesuchte Revolutionär aus Dresden flüchten mußte, war er ein Komponist von nur regionaler Bekanntheit. Zuletzt verwirklichte er auch das größte seiner Willenswerke: das Festspielhaus und die allein dem eigenen Werk vorbehaltenen Festspiele – ein Vierteljahrhundert, nachdem in Zürich die erste Idee skizziert worden war. Wer Wagners Kunst nicht bewundern mochte, bewunderte doch diese Willensleistung: »Ich habe nicht geglaubt, daß Sie es zustande bringen würden«, sagte der deutsche Kaiser zu Wagner, als er im August 1876 die ersten Festspiele besuchte. Und Wagner schrieb zwei Jahre später im Rückblick: »Es erschien sehr wahrhaftig, daß so noch nie ein Künstler geehrt worden sei.« Und doch seufzt und klagt der so Geehrte in seinen blutig-ernsten Künstlerbriefen, sehnt sich nach Erlösung von diesem Willenskrampf: »Nun dünkt mich die Zeit gekommen, wo ich vor aller Schwermut, die jetzt auf mir lastet, Flucht und Befreiung suche . . .« – schreibt er, kaum daß sich die Pforten der ersten Festspiele geschlossen haben, an den König von Bayern. Und an Liszt schreibt er, während er zum erstenmal Schopenhauer liest und gleichzeitig die Komposition der *Walküre* fördert: »Wenn ich auf die Stürme meines Herzens, den furchtbaren Krampf, mit dem es sich – wider Willen – an die Lebenshoffnung anklammerte, zurückdenke, ja, wenn sie noch jetzt oft zum Orkan anschwellen – so habe ich dagegen doch nun ein Quietiv gefunden, das mir endlich in wachen Nächten einzig zu Schlaf verhilft; es ist die herzliche und innige Sehnsucht nach dem Tod: volle Bewußtlosigkeit, gänzliches Nichtsein, Verschwinden aller Träume – einzigste endliche Erlösung!« So spricht kein Welteroberer und Willensmensch.

Der gleiche Widerspruch auch im Werk! Denn alle Werke Wagners von den *Feen* bis zum *Parsifal* – mit der einzigen Ausnahme des südlich-weltzugewandten *Liebesverbots* – sind voll von oft extremer Bejahung des Willens und streben doch hin zum Erlösungsgedanken, in jener eigenartigen sinnlich-übersinnlichen, erotisch-mystischen Mischung, die ihnen ihre spezifische Aura verleiht. Lebens- und Willensbejahung, Triebhaftigkeit, ewiger Kampf der natürlichen Kräfte auf der einen Seite, Vergeistigung, Erlösung, Verneinung des Willens auf der anderen scheinen sich darin nicht nur auszuschließen, sondern vielmehr wechselseitig zu bedingen. »Denn wo kühn Kräfte sich regen, da rat' ich offen zum Krieg« – so rechtfertigt Wotan in der *Walküre* den Inzest des Geschwisterpaares – bis schließlich sein Wille sich

153

gegen sich selber richtet: »Um der Götter Ende grämt mich die Angst nicht, seit mein Wunsch es – will!« – Erlösung durch Selbstvernichtung, durch Verneinung des Willens zum Leben ganz im Sinne Schopenhauers. Nietzsche hat in *Der Fall Wagner* diesen Entwicklungsweg Wotans (und Wagners) höhnisch kommentiert: »Ich erzähle noch die Geschichte des ›Rings‹«, heißt es da, »sie gehört hierher. Auch sie ist eine Erlösungsgeschichte: nur daß diesmal Wagner es ist, der erlöst wird. – Wagner hat, sein halbes Leben lang, an die Revolution geglaubt . . . Was geschah? Ein Unglück. Das Schiff fuhr auf ein Riff; Wagner saß fest. Das Riff war die Schopenhauersche Philosophie; Wagner saß auf einer *konträren* Weltansicht fest. Was hatte er in Musik gesetzt? Den Optimismus. Wagner schämte sich . . . Endlich dämmerte ihm ein Ausweg: das Riff, an dem er scheiterte, wie? wenn er es als *Ziel*, als Hinterabsicht, als eigentlichen Sinn seiner Reise interpretierte? *Hier* zu scheitern – das war auch ein Ziel . . . Und er übersetzte den ›Ring‹ ins Schopenhauersche. Alles läuft schief, alles geht zugrunde, die neue Welt ist so schlimm wie die alte – das *Nichts*, die indische Circe winkt . . . *Wagner war erlöst* . . . Allen Ernstes, dies *war* eine Erlösung. Die Wohltat, die Wagner Schopenhauer verdankt, ist unermeßlich. Erst der *Philosoph der décadence* gab dem Künstler der *décadence sich selbst* –«

So, wie hier von Nietzsche, wird diese Geschichte gewöhnlich erzählt; fast hat man sich darauf geeinigt, sie so zu erzählen: Das Schopenhauer-Erlebnis vom Winter 1854/55 erscheint da als eigentliche Wende – wenn nicht in Wagners Leben, so doch in seiner Kunstauffassung, als der Umschlagpunkt konträrer Weltansichten. Dadurch erst sei der einstige Rebell zum Renegaten der bürgerlichen Revolution geworden, der Dresdner Barrikadenkämpfer zum Anhänger der Erlösungsphilosophie, der »Zukunftsmusiker« zum Propheten der Kunstreligion. Auch Hans Mayer hat diese These in seiner Studie *Richard Wagner in seiner Zeit* vertreten. »Der geschichtliche Aktivismus«, heißt es da mit Blick auf Wagners Schopenhauer-Erlebnis, »schlägt hier in Weltnegation und Entsagung um.« Und weiter: »Vieles mußte

154

zusammenkommen: persönliche wie gesellschaftliche Erfahrungen, damit aus dem Feuerbachianer und Proudhonisten Richard Wagner, dem einstigen Schüler jungdeutscher Literatur, ein Jünger Arthur Schopenhauers werden konnte.« Das Schlüsselerlebnis, das diese Entwicklung erklären soll, ist natürlich die Revolution von 1848/49. Die Bedeutung dieser gescheiterten Revolution für Wagners Lebensgang, zumal unter den Bedingungen des Exils, darf in der Tat nicht gering eingeschätzt werden. Und doch wird damit die völlig unbestreitbare *Entwicklung* des Menschen und des Künstlers Richard Wagner mit allzu kräftigem Akzent als *Umbruch* und *Wende* interpretiert. Träfe dies zu, handelte es sich wirklich um die entscheidende Zäsur in Wagners Leben, dann wäre jener Tag im späten September oder frühen Oktober des Jahres 1854, als der Dichter Georg Herwegh seinem Komponisten-Freund in Zürich das damals fast vergessene, bereits 1819 erschienene Hauptwerk Schopenhauers überbrachte, ein Augenblick von eminenter kulturhistorischer Bedeutung; dann beschriebe die Formel von »Wille und Erlösung« einen Gegensatz im Sinne eines zeitlichen Nacheinander: die Ablösung einer optimistisch-aktivistischen Philosophie des Willens durch eine romantisch-pessimistische Erlösungslehre, nicht aber einen Gegensatz im Sinne von Gleichzeitigkeit, von Ambivalenz und innerer Widersprüchlichkeit. Doch viele Äußerungen Wagners vorher und nachher belegen, daß er auf Schopenhauer innerlich gut vorbereitet war. Er las das Buch in den folgenden Wochen und Monaten nicht weniger als viermal, und wie immer, wenn er von einem großen Eindruck gefangen war, mußte er sich seinen Freunden mitteilen (die er als Willensmensch auch sogleich zu bekehren versuchte). An Liszt schrieb er im Dezember 1854: »Neben dem – langsamen – Vorrücken meiner Musik habe ich mich jetzt ausschließlich mit einem Menschen beschäftigt, der mir – wenn auch nur literarisch – wie ein Himmelsgeschenk in meine Einsamkeit gekommen ist. Es ist *Arthur Schopenhauer*, der größte Philosoph seit *Kant*, dessen Gedanken er – wie er sich ausdrückt – vollständig erst zu Ende gedacht hat . . . Sein Hauptgedanke, die endliche Verneinung des Willens zum Leben, ist von furchtbarem Ernste, aber einzig erlösend. Mir kam er natürlich nicht neu, und niemand kann ihn überhaupt denken, in dem er nicht bereits lebte.«

»Mir kam er natürlich nicht neu«: Ist dies, wie Hans Mayer es deutet, »geistiges Mitläufertum«, das zwischen dem Eigenen und dem Übernommenen nicht unterscheiden kann und will? Gewiß, Wagner verhielt sich recht skrupellos in solchen Fragen, seine leicht reizbare, intellektuell-philosophisch eher rezeptive Natur griff gern auf, was er brauchen konnte, was ihm verwandt erschien und worin er sich bestätigt sah. Aber eben doch *bestätigt* sah! In Wagners Autobiographie *Mein Leben* steht der aufschluß-reiche Satz: »Ich blickte auf mein Nibelungen-Gedicht und erkannte zu meinem Erstaunen, daß das, was mich jetzt in der Theorie so befangen machte, in meiner eigenen poetischen Konzeption mir längst vertraut worden war. So verstand ich erst selbst meinen Wotan und ging erschüttert von neuem an das genauere Studium des Schopenhauer'schen Buches.«

Natürlich empfiehlt es sich, mit Wagners Selbstinterpretatio-nen vorsichtig umzugehen, zumal mit solchen, die er aus dem Abstand von zwei Jahrzehnten Cosima diktierte. Worauf es ankommt, ist aber nicht das, was ein Künstler *über* seine Werke, sondern *durch* sie aussagt. Wagner hat dies gewußt, und er hat es ausgesprochen in einem Brief an den einstigen, nun im sächsi-schen Zuchthaus Waldheim einsitzenden Revolutionsgenossen August Röckel vom 23. August 1856. Dem vergeblichen Versuch, Röckel die Lehre Schopenhauers zu erläutern und seine eigene Anschauung der Welt auf den Begriff zu bringen, wird da der lakonische Satz entgegengestellt: »Ich kann nur in Kunstwerken sprechen.« Und über sein Schopenhauer-Erlebnis heißt es: »Sel-ten ist wohl ein Mensch in seinen Anschauungen und Begriffen so wunderlich auseinandergegangen und sich selbst entfremdet gewesen als ich, der ich gestehen muß, meine eignen Kunstwerke erst jetzt, mit Hülfe eines andren, der mir die mit meinen Anschauungen vollkommen kongenierenden Begriffe lieferte, wirklich verstanden, d. h. auch mit dem Begriffe erfaßt, und meiner Vernunft verdeutlicht zu haben.« – Man wird den sich daran anschließenden Versuch Wagners, nicht nur die *Ring*-Dichtung, sondern auch seine früheren Opern mit Hilfe Schopenhauers ins Romantisch-Pessimistische umzudeuten, gewiß nicht völlig überzeugend finden, ohne doch bestreiten zu können, daß auch *Der fliegende Holländer* und *Lohengrin*, ja selbst *Tannhäuser* keineswegs nur Hervorbringungen eines zukunftsgewissen Freiheits- und Veränderungswillens sind. Und das gilt sogar für die Oper über den Volkstribunen Rienzi, auch wenn ihr Held ein gescheiterter Revolutionär ist.

Andererseits ist *Tristan und Isolde*, diese am stärksten von Schopenhauer bestimmte dramatische Konzeption Wagners, nicht bloß in Musik gesetzter Schopenhauer. Vielmehr erscheint die Entsagungs- und Erlösungslehre darin ins Mystisch-Erotische, ja kraß Sexualistische verschoben: Von »ungehemmtem musikalischem Triebleben« sprach der Komponist Dieter Schnebel. Und dieses Triebleben muß ja, in Schopenhauerscher Begrifflichkeit, der Willenswelt zugeordnet, sogar als ihr innerstes Zentrum definiert werden, aus dem alle Lebenspein erst erwächst. Wo Schopenhauer eine Verneinung des Willens fordert, da findet man bei Wagner eine Verherrlichung der Triebwelt: die Feier der Geschlechtsliebe im Liebestod. Vollständig wollte Wagner eben doch nicht der Welt entsagen, auch nicht nach seiner philosophischen Sublimierung durch Schopenhauer. Es ist kein Zufall, daß das buddhistische Drama *Die Sieger*, das er fast gleichzeitig mit *Tristan und Isolde* entwarf, worin aber die Entsagungsthematik viel radikaler gefaßt ist, unausgeführt blieb. Auch für sein Schopenhauer-Erlebnis gilt, daß Wagner nur aufgriff, was er hier und jetzt als Künstler, als Vollstrecker eines schöpferischen Willens, brauchen konnte. Wenn Thomas Mann Schopenhauers Philosophie einmal eine »Künstlerphilosophie par excellence« genannt hat, dann gibt es dafür keine glänzendere Bestätigung als Wagner – für den Kunst eben nicht Erlösung vom Lebenstrieb bedeutete, sondern seine letzte kompensatorische Steigerung. An Jakob Sulzer, Staatsschreiber in Zürich, schrieb Wagner im Mai 1855 aus London einen für diesen seinen inneren Zwiespalt ungemein aufschlußreichen Brief – da heißt

157

es: »Was mir aber dann noch übrigbliebe, wenn ich die Kunst wirklich loswürde, wahrscheinlich ein Schopenhauerscher Heiliger! Nun, darüber brauche ich mir aber nicht den Kopf zu zerbrechen, denn solange ein Funken Leben in mir ist, werden mich jene künstlerischen Illusionen wohl nicht loslassen; sie sind wirklich die Lockvögel, mit denen der Lebenstrieb meine Einsicht immer wieder zu seinem Dienste einfängt . . . So erlebe ich denn auch oft die Momente, in denen ich mich von dieser Einsicht so vernichtet fühle, daß ich plötzlich nicht mehr leben zu können vermeine . . . In solchen Augenblicken sehe ich den ›Schleier der Maja‹ vollständig gehoben, und was mein Blick da erkennt, ist furchtbar, so schrecklich, daß ich plötzlich – wie gesagt – nicht mehr leben zu können vermeine; aber in diesem Augenblick zieht sich auch der andre Schleier darüber, der mit seinen künstlerischen Gebilden – so unähnlich er ihm erscheinen mag – am Ende doch immer nur wieder jener ›Schleier der Maja‹ ist und mich ganz wieder in die Welt der Täuschungen wirft, in denen ich – gern (weil notwendig) gestehe ich's – dann oft bis zum Unsinn mich verstricken lasse.« Das ist ein Bekenntnis, so scharfsinnig im Begreifen der eigenen Lebenswidersprüche, so hellsichtig für die Antinomien seiner Künstlerexistenz, wie wir es auch in Wagners üppiger Korrespondenz kein zweites Mal finden. Er war ein Willensmensch, der mehr zum Welteroberer als zum Weltüberwinder, mehr zum Verschwender als zum Asketen bestimmt war – und er verschwendete sich in der Kunst wie im Leben.

Dem künstlerischen Dämon, der Wagner beherrschte, wurde alles untergeordnet, ihm hatte sich alles zu fügen: Frauen und Freunde, Geldgeber und Parteigänger, Fürsten und Mäzene. Die Schroffheit seiner Forderungen kannte keine Grenzen, wenn sie auch nicht immer so drastisch hervortrat wie in den frühen Leidenschaftsbriefen an Minna Planer oder in den Bettelbriefen an Ferdinand Heine und Franz Liszt. Dort hüllte sich Wagner in das Gewand der Liebe, hier in das der Freundschaft – kaum einmal wird man ihm, im schnöden Sinn, Unaufrichtigkeit vorwerfen können. Er hatte, wie er glaubte, das Recht, Forderungen zu stellen, und die magnetische Kraft, die von ihm auf andere auszugehen schien, verstärkte er durch ein hochentwikkeltes System von Selbstsuggestionen. An den Baron Hornstein, einen entfernten Bekannten, schrieb er, wieder einmal in Geldnot, am 12. Dezember 1861 aus Paris: »Ich höre, Sie sind reich geworden. – Wie traurig ich mich befinde, können Sie leicht aus meinen Mißerfolgen entnehmen ... um mich der peinlichsten Verpflichtungen, Sorgen und Nöten zu überheben, die mir alle Geistesfreiheit rauben, bedarf ich eines sofortigen Vorschusses von zehntausend Francs ... Mir diese Summe zu verschaffen wird auch Ihnen schwerfallen; möglich aber, wenn Sie *wollen* und Opfer nicht scheuen, wird es Ihnen jedenfalls sein ... So zeigen Sie, ob Sie ein rechter Mann sind! Sind Sie dies für mich – und warum sollte dies nicht endlich einmal zu erwarten sein? –, so treten Sie mir durch Ihre Hülfe dann sehr nahe, und Sie müßten sich dann gefallen lassen, nächsten Sommer auf einem Ihrer Güter, am liebsten im Rheingau, für etwa drei Monate mich bei sich aufzunehmen.« Den schroff fordernden Ton wußte Wagner, als Hornstein ablehnte, hochfahrend zu überbieten: »Wenn Sie auf keinem Ihrer Güter eingerichtet sind, mich zu empfangen, so hatten Sie die von mir gebotene auszeichnende Gelegenheit zu ergreifen, sofort da, wo ich es wünschte, das Nötige herrichten zu lassen ... Den Wunsch, den Sie in bezug auf meinen Tristan aussprechen, hätten Sie unterdrücken sollen: nur wenn Sie meine Werke gänzlich ignorierten, konnte Ihre Antwort hingehen.« – Sein Werk schien Wagner Rechtfertigung genug für alle seine Forderungen. Peter Cornelius bestürmte er nach seiner Berufung durch den bayerischen König, unverzüglich zu ihm nach München zu ziehen, wenn er nicht ihre Freundschaft aufs Spiel setzen wolle. Die gleiche Forderung ergeht im Mai 1863 aus Wien an die Biebricher Freundin Mathilde Maier: »*Etwas* muß doch gewagt werden, wenn man mit dem Wagner zu tun hat!« – Schalmeientöne wiederum aus Tribschen in einem Brief an Hans von Bülow, die die unausgesprochene Bitte, seine Ehefrau Cosima für die Verbindung mit

Wagner freizugeben, sanft übertönen: »So oft habe ich mich an Dein Herz gewandt! willst Du nun sagen, daß der Freund sich dem ›Meister‹ opfert? Wahrlich darf ich auch wohl nur als ›Meister‹ das Freundesopfer ansprechen: soll ich noch schaffen, oder habe ich geendet? – Das ist die Entscheidung, die über mir schwebt. Der Möglichkeit, noch zu schaffen, habe auch ich schon große Opfer – glaub es, höchste Freundschaftsopfer – gebracht: nun liegt es unerbittlich vorgezeichnet – nur dem Opfer des Freundes kann jene Möglichkeit ferner zu erwirken sein. Glaubst Du an Freundschaft? – Meisterliebe!«

Was bedeutet dies alles? Unaufrichtigkeit? Opportunismus? Moralische Insuffizienz? Das gewiß auch, aber es reicht zur Erklärung nicht aus. Martin Gregor-Dellin hat auf eine Eintragung aufmerksam gemacht, die sich in den Tagebüchern Cosima Wagners findet, geschrieben von Wagners eigener Hand, aber in der dritten Person – so als enthalte die Selbstauskunft eine allgemeine Wahrheit: »Er klagte über die Nötigungen seiner künstlerischen Bestimmung, dadurch, daß er ihnen gehorche, seine moralischen Anlagen unausgebildet lassen zu müssen: nebenbei könne er nichts tun, oder alles fiele schlecht aus; ganz moralischer Mensch sein heiße aber sich ganz aufopfern.«

Hier wird dem Künstler vom Künstler gleichsam der moralische Dispens erteilt, das Recht, ausschließlich und womöglich rücksichtslos seiner künstlerischen Bestimmung zu folgen. Entsagung und Askese mögen als gute Lehre für andere gelten; der Künstler folgt dem Gesetz, nach dem er angetreten. Es ist jene Haltung, die das 19. Jahrhundert am »gewissenlosen« Genie, vorab an Goethe, bewunderte und im ästhetischen Immoralismus eines Nietzsche, d'Annunzio, Oscar Wilde kultivierte. Was Wagner indes von den Immoralisten wie auch von Goethe unterscheidet, ist sein fast zwanghaftes Bedürfnis, seine künstlerische Bestimmung auch moralisch zu legitimieren, sich vor Mitwelt und Nachwelt und nicht zuletzt vor sich selber moralisch zu rechtfertigen. Es ist, mit anderen Worten, eben nicht geniale Gewissenlosigkeit, sondern das schlechte Gewissen, das nie zur Ruhe kommt und dem doch die Fähigkeit abhanden kam, noch irgendeine moralische Entscheidung zu erwirken. Fast niemals wird in Wagners Argumentation der moralische Aspekt, vor allem die moralische *Wirkung* völlig ignoriert, mag er selber auch noch so fragwürdig agieren. So bittet er nur wenige Wochen nach seiner Teilnahme an der Revolution und der Flucht aus Dresden um eine finanzielle Unterstützung durch deutsche Fürsten, die Liszt ihm verschaffen soll. Als Liszt ihm deutlich macht, daß darauf nicht einmal in Weimar, wo man Wagners Kunst verehrt, zu hoffen sei, schreibt er mit doppeltem Hohn auf Liszt und die Großherzogin: »Wir begeisterten Leute aus dem Volke denken viel zu großherzig von den hohen Herren, die diejenigen viel besser kennen, die diese Herrschaften unbedingt verehren.« Gegenüber Meyerbeer, der ihn großzügig protegiert hatte, war die moralische Selbsterniedrigung Wagners, die aus seinen frühen Pariser Bettelbriefen an den berühmten Komponisten der *Hugenotten* spricht, wahrscheinlich die eigentliche Wurzel seines erst viel später manifest werdenden Antisemitismus. Den Komponisten Meyerbeer hatte Wagner niemals hochgeschätzt, ohne ihn jedoch als Juden zu schmähen. Und für Heine und Börne, Halévy und Auerbach fand er in den vierziger Jahren sogar Worte der Wertschätzung, ja Herzlichkeit. Wenige Jahre später dann, völlig überraschend, die berüchtigte Streitschrift *Das Judentum in der Musik*, in der Meyerbeer und Mendelssohn dazu herhalten müssen, die angebliche künstlerische Impotenz der Juden zu belegen. Wagners künstlerisches Urteil über seine Rivalen hat sich nicht verändert, nur steht es plötzlich in einem anderen Zusammenhang: dem antisemitischen. »Die Vermutung liegt nahe,« schrieb Jacob Katz, der Wagners Antisemitismus gründlich erforscht hat, »daß die Verurteilung seiner Rivalen nicht aus seiner anti-jüdischen Gesinnung herzuleiten ist, sondern umgekehrt seine anti-jüdische Gesinnung aus der Rivalität mit den zwei Juden verständlich wird.«

Hier zeigen sich, um ein Wort Adornos aufzugreifen, »die Fäulnisstellen des bürgerlichen Charakters« als »Vorformen von dessen Wandlung im totalitären Zeitalter«. Auch Erlösungslehre und Entsagungsethik erweisen sich letztlich als Beschönigungskulissen von einer Welt, in der die Macht des Willens herrscht als Wille zur Macht. Wagner hat ihn mit furchtbarer Gewalt in der Nibelheim-Szene des *Rheingold* komponiert. Aber jenseits des Werkes war ihm der nackte Schrecken der Willenswelt ohne das Schema von Tod und Verklärung und die übrige sentimentale Phraseologie nicht erträglich. Und so sehr er als Komponist und Musikdramatiker zu neuen Ufern strebte, hat er sich davon nie wirklich freimachen können. *Dieser* Wagner ist nicht abgetan, sondern von bleibendem Interesse.

Für die Mentalität, die sich hier zeigt, ist gerade Wagners frühes Werk besonders aufschlußreich – keines mehr als *Rienzi, der letzte der Tribunen*, die »große tragische Oper in fünf Akten« nach Bulwers gleichnamigem Roman. Es war eine *Rienzi*-Aufführung im Jahre 1906, durch die, nach zuverlässigem Zeugnis, der spätere Volkstribun Adolf Hitler entscheidende Impulse für seine Vision von imperialer deutscher Größe empfing, so wie einst der historische Cola di Rienzi im 14. Jahrhundert die imperiale Größe des antiken Rom wiederherstellen wollte. Solche Affinität des Wagnerschen Werks zum Faschismus beruht gewiß zum überwiegenden Teil auf Mißverständnissen. Und doch leistet *Rienzi* wie kaum ein anderes Werk dem Mißverständnis Vorschub: Pomp, autoritärer Gestus, Personenkult – diese und andere Elemente des Faschismus sind hier beispielhaft versammelt. Die unbestreitbare Theaterwirksamkeit des *Rienzi*, der monumentale Chorpassagen, Massenaufmärsche, Schlachtszenen, pseudoreligiöse Inthronisationen, viel Kulissenzauber und am Ende das brennende Kapitol zur Überwältigung des Publikums aufbietet, beruht auf eben den kalkulierten Effekten der Großen Oper, die Wagner seinem Konkurrenten Meyerbeer zum Vorwurf machte und als »Wirkung ohne Ursache« definierte. Auf kein Werk Meyerbeers trifft die Definition so einschränkungslos zu wie auf Wagners *Rienzi*. Er ist »totales Musiktheater«, aber das ist nur der ins fragwürdig Positive gewendete Ausdruck für die Ästhetik des Kitsches, die das Zentrum des Werkes ausmacht und mit der Wagner freilich nur die in der Großen Oper ohnehin angelegten Tendenzen perfektionierte. Ihre »szenische und

musikalische Pracht«, ihre »musikalisch-massenhafte Leidenschaftlichkeit« trachtete er, nach eigenem Bekenntnis in *Mein
Leben*, »mit rückhaltloser Verschwendung nach allen ihren bishe-
rigen Erscheinungen zu überbieten«. Das ist ihm in der Tat
gelungen: *Rienzi* ist schlechtes, überladenes, bombastisches 19.
Jahrhundert.

Fataler aber als die monumentalkitschigen Züge des Werkes
wirken heute seine ideologischen Voraussetzungen. Wobei am
wenigsten die Frage interessiert, ob Wagner dem historischen
Cola di Rienzi gerecht geworden ist. Sechs Jahre vor der Revolution von 1848 ist die Historienoper aus dem 14. Jahrhundert ja
nur das Gerüst für die eigenen, reichlich verworrenen Vorstellungen von Revolution und Volksbefreiung. Wagners Rienzi ist der
Volksführer als Lichtgestalt, der Schwanenritter der Revolution,
der Befreiung von oben bringt, als Geschenk und Gnade und mit
Hilfe höherer Mächte. Die Standesprivilegien des Adels will er
im übrigen nicht antasten, er träumt vielmehr von einer stän-
disch gegliederten Volksgemeinschaft, in der die Diktatur des
Tribunen demokratisch drapiert ist. Wenn der Wagner-Forscher
Dieter Borchmeyer diesen Rienzi, statt mit dem faschistischen
Führer, mit Robespierre verglichen hat, so ist es ein Robespierre
mit schlechtem Gewissen, ein larmoyanter Revolutionär, ein
sentimentaler Terrorist – eine ideologische Konfiguration, die ins
Zentrum von Wagners politischer Psychologie führt. Die Frei-
heitsidee der Oper bleibt inhaltsleer, sie ist nur Ritual, äußerliche
Geste, zumal das Volk als wankelmütige, verführbare Masse
gezeigt wird, ein ewig akklamierender Chor beim politischen
Spektakel seiner Herrschaft. Natürlich muß dieser Rienzi, von
seinem Volk verraten, untergehen. Doch der Untergang hat
Führerbunker-Qualitäten, wenn Rienzi, auf den Stufen des bren-
nenden Kapitols, die unsterblichen Worte gescheiterter Volksführer ausspricht: »Der letzte Römer fluchet euch! Verflucht,
vertilgt sei diese Stadt! Vermodre und verdorre, Rom! So will es
dein entartet Volk!« Auch dies die pathetische Geste eines
gefühlvollen Terroristen. Aufschlußreich in diesem Zusammenhang ist ein Brief Wagners an Mathilde Wesendonck; er äußert

sich da über ein Fotoporträt, das im Frühjahr 1860 bei Petit &
Trinquart in Paris entstand. Dies Porträt mit seitwärts verdrehtem
Auge verabscheute Wagner, er sähe darauf aus »wie ein sentimen-
taler Marat«, schreibt er an die Wesendonck – unwillig, eine
Wahrheit zu ertragen, der er sich vorm eigenen Bildnis mit
Schrecken bewußt geworden war.

Das schlechte Gewissen an der Musik

Ein Brief an Walter Dirks

Lieber Walter Dirks, vor einiger Zeit hörte ich im Radio Ihre musikalische Konfession. Sie sprachen im Dritten Programm des WDR über die Rolle der Musik in Ihrem Leben. Es war eine jener Situationen, in denen ich spüre, daß ich mir etwas vorzuwerfen habe. Ich mache mir jedenfalls einen Vorwurf daraus, auf Ihr *Verhältnis zur Musik* erst spät aufmerksam geworden zu sein. Zuhörend begriff ich, daß Musik für Sie zum Wichtigsten, zum ganz Unentbehrlichen gehört. Das habe ich leider lange Zeit nicht bemerkt, obwohl ich es aus der Kenntnis Ihrer anderen Arbeiten zumindest hätte vermuten müssen. Ich begriff also auch meine eigene Blindheit. Denn wer so Wichtiges übersehen kann, muß die Gründe dafür bei sich selber suchen. Das ist es, was mich heute einigermaßen verlegen macht.

Dabei war ich nicht zum ersten Mal so blind. Ich erinnere mich an ein Interview mit Jean-Paul Sartre, das ich vor Jahren las. Sartre bekannte darin, daß Musik für ihn zeitlebens sehr wichtig gewesen sei, ja daß er viele Jahre hindurch täglich mehrere Stunden Musik gehört habe. Ich war von dieser Mitteilung sehr überrascht. Sie paßte nicht zu meinem Bild von diesem Autor. Was ich von ihm gelesen hatte: die frühen Theaterstücke, das große Romanwerk *Die Wege der Freiheit*, das gewaltige System der *Dialektischen Vernunft* – all dies schien mir unvereinbar zu sein mit einem Bekenntnis zur Musik. Und nun sprach Sartre von seinem niemals nachlassenden Interesse ausgerechnet für die Musik der Romantik. Schubert wurde von ihm ausdrücklich zitiert.

Natürlich war ich einem Mißverständnis, schlimmer noch, einem Denkklischee aufgesessen. Aber was waren die Gründe? Wie kam ich dazu, gerade Sartre und seiner überragenden Intelligenz die Nähe zur Musik fast automatisch abzusprechen? Lag es vielleicht daran, daß die Musik so oft zur idealistischen Universalsprache oder sogar zur Himmelsmacht verkitscht worden war? Ich vermute, daß das Mißverständnis tiefere Ursachen hatte. Daß ihm in Wahrheit so etwas zugrunde lag wie ein *Zweifel an der Musik*. Ein Zweifel, der sich gegen Sinn und Wesen der Musik selber richtete. Bei aufgeklärten Intellektuellen und politischen Emanzipatoren, das habe ich beobachtet, gibt es diesen Zweifel gleichsam als festes Denkmuster, vielleicht schon als Klischee. Es besagt, daß in einer kritischen, auf politische Veränderung zielenden Gesellschaftstheorie für die Musik eigentlich kein Platz sei. Vielleicht auch nicht sein dürfe. Man mißtraut der Musik, hält sie für eine Macht des Dunklen und Irrationalen, für ein Narkotikum, für einen Verrat am Geiste.

Unversehens bin ich damit in große, schwer auslotbare Zusammenhänge unserer kulturellen Tradition geraten, bin fast schon bei Platon angelangt, dem Musik bekanntlich verdächtig war und der sie in seinem idealen Staat verbieten wollte. Aber auch der Signor Settembrini in Thomas Manns *Zauberberg*, ein italienischer Humanist, findet Musik mindestens »bedenklich«, er spricht von ihrem »Zweideutigkeitswesen«. Natürlich lassen sich, auch unter Intellektuellen, Gegenstimmen anführen. Nicht nur Settembrinis eher fragwürdiger Roman-Kontrahent Naphta, sondern auch solche von imponierendem Gewicht wie etwa Adorno. Aber Adorno, bei dem sich die musikalische Passion ganz mühelos und fast schon wieder zwangsläufig mit dialektischer Gedankenschärfe und gesellschaftskritischem Interesse verband, wollte mir immer als ein mit Sartre schwer vergleichbarer jüdischer Sonderfall erscheinen.

Ich saß jedenfalls über meinem Sartre-Interview, zerbrach mir meinen Klischee-Kopf und versuchte, wenigstens mein Mißverständnis zu verstehen. Vielleicht wäre es besser gewesen, etwas genauer in mich selbst hineinzuhorchen. Das Nächstliegende nämlich kam mir nicht in den Sinn: meine eigene musikalische Passion. Und so wurde ich auch nicht auf meinen eigenen Widerspruch aufmerksam. Ich legte mir nicht die Frage vor, wie ich denn wohl diese keineswegs gezähmte Leidenschaft mit meinem – wie ich mir einbildete – halbwegs aufgeklärten Kopf in Einklang bringen könnte. Stattdessen zog ich es vor, das Pro-

166

blem, den Widerspruch zu verdrängen. Das heißt, ich unterdrückte den Zweifel an der Musik, der sich ganz offensichtlich in meinem Denken und Fühlen bereits eingenistet hatte. Dennoch war da, tief unten und noch uneingestanden, ein Gefühl von Verrat, intensiv wie ein Schmerz: das Gefühl, ich verriete den »Fortschritt«, die »Gesellschaft«, den politischen Auftrag, ja ich verriete Vernunft und Aufklärung, indem ich die Musik liebte.

So unaufgeklärt kann einer sein, der sich für aufgeklärt hält. So schwankend und unsicher. Und auch heute ist der Zweifel, *das schlechte Gewissen an der Musik* noch nicht vollständig geschwunden. Noch immer gibt es Augenblicke, in denen mir die Liebe zur Musik verdächtig ist wie eine Anwandlung von Weltflucht, ein zu überwindender Atavismus.

Unlängst hörte ich nun Ihre musikalischen Bekenntnisse. Soviel meinte ich immerhin zu erkennen, daß der Zweifel, von dem ich gesprochen habe, auch Ihnen nicht fremd ist. Aber er richtete sich bei Ihnen nicht auf Sinn und Wesen der Musik. Sie sprachen über Musik mit einem skeptisch gebrochenen Enthusiasmus, aber ohne Zweideutigkeit. Musik stand hier wie selbstverständlich in den Zusammenhängen einer Biographie, eines reichen und schwierigen Lebens. Überhaupt in Zusammenhängen, auch solchen von Politik und Gesellschaft. Da war das Bewußtsein historischer Katastrophen, von denen auch die Musik nicht verschont blieb, da war aber auch das Bewußtsein von der Musik als einer sinnvollen menschlichen *Tätigkeit*. Was Sie sagten, ließ mich nicht ganz ohne Hoffnung. Es wiederholte sich eine Erfahrung, die ich schon einige Jahre zuvor bei der Lektüre Ihrer musikalischen Aufsätze gemacht hatte, als sie mir endlich, nach dem Erscheinen der frühen Jahrgänge der Frankfurter Hefte im Taschenbuch-Reprint, in die Hände gefallen waren. Ich las die Aufsätze mit größter Aufmerksamkeit. Für jemanden, der keineswegs sicher im Sattel seiner intellektuellen Identität saß und den es nach Orientierung verlangte, war hier, das merkte ich, einiges zu lernen.

Ich habe vom Unbehagen an der Musik gesprochen. Es ist das Thema Ihres schönen Aufsatzes *Die Musik und die Vollkommen-*

heit, der im März 1949 erschien, wie ich vermute, aus Anlaß von Thomas Manns *Doktor Faustus*. Sie schrieben damals: »Wir können ... nach einem Ereignis wie der großen romantischen Musik vielleicht niemals wieder *so* musizieren, wie man *vor* dieser Zeit musiziert hat: die beste Musik der Gegenwart, die sich so ganz anders versteht als jene glück- und leidsüchtige Seelenmusik des vorigen Jahrhunderts, unterscheidet sich gleichwohl von einer bloß modischen antiromantischen Spielmusik unter anderem dadurch, daß sie jenes Neunzehnte Jahrhundert in sich enthält, indem sie es überwindet oder zu überwinden sucht.« Deutlicher läßt es sich nicht sagen, daß das Unbehagen an der Musik *geschichtliche* Wurzeln hat, daß es sich auf bestimmte historische Erscheinungsweisen der Musik bezieht.

Auch dem Helden des *Zauberbergs* geht es um nichts anderes als um Überwindung des 19. Jahrhunderts. Hans Castorps liebste Musik ist Schuberts *Lindenbaum*. Geistige Sympathie mit dieser Musik wird »Sympathie mit dem Tode« genannt. Sie muß, wie Thomas Mann seinen Helden, übrigens mit einem Nietzsche-Wort, sagen läßt, »überwunden« werden. Die Musik der Romantik ist für Thomas Mann »Seelenzauber mit finsteren Konsequenzen«. Die anderen Lieblingsplatten Hans Castorps, die Verdi, Puccini, Gounod, Bizet und Debussy enthalten, sind damit offensichtlich nicht gemeint. Wie aber steht es mit der Musik vor der Romantik: Josquin und Palestrina, Bach und Händel, Gluck und Mozart, Haydn und Beethoven? Muß auch sie »überwunden« und vielleicht sogar verworfen werden? Thomas Mann hat die Frage im *Doktor Faustus* ausdrücklich gestellt, und wenn ich den Roman nicht völlig falsch verstehe, hat er sie darin bejaht. Er spricht der Musik das Verdammungsurteil, auch die Neunte Sinfonie wird »zurückgenommen«. Thomas Mann hat sich diese Entscheidung nicht leicht gemacht, er sprach, in doppeltem Sinn, aus ureigenster Erfahrung: dem Seelenzauber der romantischen Musik war er selber verfallen gewesen, und die finsteren Konsequenzen hatte er am eigenen Leibe erfahren.

Dennoch habe ich mich mit dieser Verwerfung der Musik niemals abfinden können. Und auch Thomas Mann selber gab ja augenzwinkernd zu verstehen, daß sie so vollständig ernst nicht gemeint sei. Eine Anekdote, die er in der *Entstehung des Doktor Faustus* erzählt, habe ich immer als tragisch empfunden. Als er im Sommer 1945 in New York seinen Vortrag *Deutschland und die Deutschen* gehalten habe, hätten sich die Musiker, die ihm zuhörten, seine Deutung der Musik schmerzlich zu Herzen genommen. Adolf Busch zum Beispiel, der Geiger und Kammermusiker und ein deutscher Emigrant wie Thomas Mann. »Noch weiß ich«, schreibt dieser, »wie ich den betrübten Adolf Busch spät in der Nacht vom Hotel aus anrief, um ihm zu versichern, daß die Bedenklichkeiten, die ich gegen die deutscheste der Künste vorgebracht, nur eine Form der Huldigung seien.« Dies lesend, habe ich mich im Geiste immer mit Adolf Busch gegen Thomas Mann verbündet. Nicht Buschs Glaube an die Unschuld der Musik, sondern Thomas Manns Zweideutigkeit erschien mir als »Verrat am Geiste«.

In Ihrem Aufsatz von 1949 sah ich eine Bestätigung. Ich verstand ihn als Versuch einer »Rettung« der Musik, nicht vor dem Verdacht, aber vor der Verwerfung. Der Musik wird hier keine neue Unschuld zugesprochen – was auch kaum möglich wäre, nachdem sie verloren ging –, aber doch so etwas wie Würde. Sie sprechen in diesem Aufsatz von den Grenzen der Musik, weisen auf ihre »Diesseitigkeit« hin und sprechen von ihrem Spielcharakter. Spiel: das ist für mich ein anderer Ausdruck für die Verbindung von Ordnung, Freiheit und Tätigkeit. Ihr Ratschlag lautet: »Sei ein Christ und mache menschliche Musik!« Freilich gibt es auch eine Musik des Rausches, der Verzweiflung, der Müdigkeit, des abgründigen Pessimismus, eben die Musik des 19. Jahrhunderts, der (deutschen) Romantik. Dagegen haben auch Sie Bedenken vorzubringen: ». . . die Musik dieses Jahrhunderts kennt beide Mächte, das bürgerliche Behagen und das bürgerliche Unbehagen, berauscht sich an beiden; ein Mann wie Richard Wagner erfüllt sich geradezu in ihrem Widerspruch.«

Damit ist der Name genannt, auf den es mir vor allem ankommt: Richard Wagner. Denn neben seinem mächtigen

Seelenzauber ist mir fast alle andere romantische Musik fast schon wieder »ungefährlich« erschienen, sogar Schumanns Innerlichkeitswelten, Schuberts unstillbare Todessehnsucht. Ja, es kommt mir oft so vor, als habe die Musik ihr schlechtes Gewissen allein Wagner zu verdanken, als habe nur er – wie Nietzsche es ausdrückte – die Musik »krank gemacht«, und als rede auch Thomas Mann in seinem Fundamentalzweifel an der Musik im Grunde nur von Wagner, den er kannte und liebte wie keinen anderen. Denn es kann kein Zweifel sein: erst Wagner verband die Todessympathie mit Unterwerfungslust und Herrschaftswillen, machte aus den Erlösungswünschen der Romantik eine Seelenkulisse auch von Machtphantasien. Wohin also mit Wagner, der die Musik schuldig werden ließ und ihre Grenzen – Diesseitigkeit und Spielcharakter – in seinem Werk gefährlich überschritt?

Im Sommer 1976 hatten wir Gelegenheit, über diese Frage zusammen mit Hans Mayer und Wolfgang Seifert im Rundfunk zu diskutieren, aus Anlaß des Bayreuther Jubiläums. Wir alle, ausnahmslos skeptische Enthusiasten, waren nicht gekommen, um zu verwerfen, weder Wagner noch Bayreuth. Uns ging es vor allem um eine redliche Auseinandersetzung mit der Bayreuther Geschichte, jenen nicht geringen Rest eingeschlossen, der daran zu tragen peinlich ist. Denn Bayreuth war ja niemals in seiner Geschichte irgendein Theater, ein x-beliebiger großbürgerlicher Kulturtempel. Bayreuth führt uns mitten hinein in unsere politische Geschichte. Es war für viele Jahrzehnte ein Zentrum nationaler Selbstbeglückung, eine Brutstätte imperialer deutscher Träume. Es hat den reaktionären Kräften in Deutschland für ihr welthistorisches Spiel mit dem Feuer die kulturelle Legitimation geliefert.

Hundert Jahre Bayreuth: das war für mich zwar ein Anlaß zum Nachdenken, aber kein Grund zum Feiern. Und so entwickelte ich in unserem Gespräch ein eher nüchternes Zukunftskonzept: Bayreuth als Werkstatt mustergültiger Wagner-Aufführungen. Sie hingegen wollten zu meiner Überraschung sehr viel stärker festhalten an der Bayreuther »Idee«, am spezifischen Erlebniswert der Festspiele. Noch überraschender fand ich die Formel, die Sie am Ende des Gesprächs fanden: »Die Intellektuellen dürfen Bayreuth nicht im Stich lassen.« Mir kam es eher auf die Umkehrung der Formel an: »Bayreuth darf die Intellektuellen nicht im Stich lassen.« Mit einem Wort, ich war erstaunt über Ihre zwar nicht vorbehaltlose, gleichwohl entschiedene Parteinahme für Wagner und Bayreuth, die Sie mit den Worten zum Ausdruck brachten: »Wagner ist eine so zentrale Erscheinung des bürgerlichen 19. Jahrhunderts, daß kein Mensch von einiger seelischer Sensibilität und geistiger Denkkraft darum herumkommt, sich mit dieser Realität auseinanderzusetzen.«

Sie haben natürlich völlig recht: es wäre nicht nur töricht, sondern auch gefährlich, um Wagner einen Bogen zu machen, ihn gleichsam zum Zwecke öffentlicher Bewußtseinshygiene unter Verschluß zu halten. Und es gab ja sogar, vor allem nach dem Krieg, eine Zeit relativer Wagner-Ferne mit einer fast traumatischen und bis heute nachwirkenden Idiosynkrasie gegenüber Wagner im allgemeinen Bewußtsein und besonders im intellektuellen Milieu. Andererseits waren es gerade marxistische und jüdische Gelehrte wie Bloch, Adorno und Hans Mayer, die Wagner zu neuem intellektuellem Ansehen verhalfen. Sie nahmen Wagner in Schutz vor seinen unkritischen Bewunderern. Aber vielleicht verbirgt sich auch in der Rehabilitation ein neues Bedürfnis nach Wagners Verheißungen, von denen ja nicht nur die Schwachen betört werden. Sie selber sagten in unserem Gespräch, Sie seien durchaus imstande, bei Wagner die kritische Distanz aufzugeben, sich – etwa vom *Tristan* – »speziell ergreifen zu lassen«, sich daran »zu berauschen«. Auch mir ist diese Erfahrung nicht fremd. Aber sie ist untrennbar vermischt mit einem Gefühl von Schuld. Wie gut wäre es da, die eigene Neigung nicht mehr bekämpfen zu müssen! Aber ich mißtraue mir selbst – und vor allem den anderen. Wagner paßt ja immer dann besonders gut ins kulturelle Klima, wenn Aufklärung, Erkenntnis und helle Rationalität nicht gerade hoch im Kurs stehen. Und schon meldet sich wieder ein neues Bedürfnis nach Kunstreligion, sinnlichem Zauber, Musik als Narkotikum. Die

171

Erlösung Wagners durch Syberberg! Ich frage mich: wieviel Seelenzauber wollen wir uns gestatten?

Die Ambivalenzen also bleiben. Thomas Mann, um ihn ein letztes Mal zu zitieren, überschrieb 1949 einen seiner letzten Aufsätze über Wagner mit dem Titel *Wagner und kein Ende*. Er formuliert darin, allen kritischen Einwänden zum Trotz, ein Bekenntnis zum Bayreuther Meister, den er nur zehn Jahre zuvor – in dem Aufsatz *Bruder Hitler* – in die schlimmste aller denkbaren geistigen und politischen Konstellationen eingeordnet hatte. Das Wagnerische in Hitler, das Hitlerische in Wagner war hier der Gegenstand seines Nachdenkens gewesen, und Hitler wurde erklärt als »verhunztes Künstlertum«. Thomas Mann hat diesen Gedanken niemals widerrufen, was ihn nicht hinderte, nur vier Jahre nach dem Ende des Krieges und des Hitler-Faschismus eben dieses Künstlertum enthusiastisch zu feiern. Soll man es, kann man es dabei belassen? Muß man nicht wenigstens versuchen, den Widerspruch aufzulösen? Oder ist, wie es in Thomas Manns Aufsatz heißt, Wagner gegenüber »jeder Ausdruck recht: der kritisch skeptischste und der lobpreisend-gehobenste«?

Dieselbe Ambivalenz in den Tagebüchern der Cosima Wagner: Auch hier finden wir Wagner in seiner unbestreitbaren Genialität und seiner unbeschreiblichen Widerwärtigkeit. Darüber kommt man nicht hinweg, indem man – wie Joachim Kaiser dies getan hat – dem »nazistisch-hitlerischen Mißverständnis« das »nur wenig intelligentere demokratisch-antiwagnerische Mißverständnis« entgegenstellt. Ich bewundere Joachim Kaiser und die (in unseren Feuilletons leider viel zu seltene) Anschaulichkeit und Plausibilität, mit der er über Musik zu schreiben und zu sprechen weiß. Aber hier macht er es sich zu einfach. Nicht, daß Kaiser ganz unrecht hätte. Aber seine elegante Dialektik läßt keinen Raum für Betroffenheit und Beunruhigung übrig, wenn er das Problem um das wir uns bemühen, letztlich als Konsequenz einer falsch gestellten Frage hinstellt. So leicht ist das gute Wagner-Gewissen denn doch nicht zu haben. Hat es in Wagners Wirkungsgeschichte etwa keine Probleme gegeben? War das Bayreuth Hitlers nur ein Betriebsunfall der Kulturgeschichte?

Der Antisemitismus nur eine Marotte des Genies? Nein, der Fall Wagner läßt sich nicht als Geschichte von Mißverständnissen abbuchen. Wenn Wagner zu Cosima sagte, »es sollten alle Juden in einer Aufführung des ›Nathan‹ verbrennen« – was wäre daran mißverständlich?

Vielleicht brauchte man über Wagners Wirkung nicht so erbittert zu streiten, wenn das Werk, wenn vor allem die Musik frei wäre von den Giftstoffen, die sich in der Wirkung als so unheilvoll erwiesen. Wenn man also Werk und Wirkung trennen könnte. Aber das wäre nur eine subtilere Form des Selbstbetrugs. Auch Wagners Musik ist eine Musik ohne Moralität, selbst da, wo sie Erlösung von der Triebnatur begehrt. Noch im herzschwellenden Brudereid von Gunther und Siegfried steckt etwas von der Blutmystik faschistischer Männerbünde, in Hagens Wachtgesang etwas von Wagners eigener Angst vor lauernder Weltverschwörung. Das antiwelsche Ressentiment steckt in den *Meistersingern*, das antislawische im *Lohengrin*, das antiintellektuelle in der Beckmesser-Gestalt. Für uns Heutige hat sich historische Erfahrung über die ursprünglichen Ausdruckscharaktere gelagert, ist untrennbar mit ihnen verwachsen. Darum kann es vorbehaltlose Rettungen Wagners nicht wirklich geben, auch nicht – trotz Adorno und Bloch – einen *Wagner für die Linke*. Selbst in der kritischen Leidenschaft linker Interpreten meine ich etwas wie Verfallenheit an die dunkel-chthonische Macht dieser Musik zu spüren. Ihre emotionale Wucht erweist sich letztlich als den rational-analytischen Kräften, die auch in diesem Werk vorhanden sind, überlegen. Das bedeutet auch: man kann Wagner möglicherweise freisprechen von der mörderischen Praxis eines Julius Streicher, aber das löst nicht die Frage, warum dieser Julius Streicher Wagners Musik vielleicht ebenso leidenschaftlich liebte wie alle jene, die es heute noch in treuherziger Unschuld tun.

Wohin also, um die Frage zu wiederholen, wohin mit Wagner, dem gefährlichen Grenzüberschreiter der Musik? Ich weiß noch immer keine Antwort, zumindest keine eindeutige, außer vielleicht die, daß Musik als Rauschzustand für mich ihre Anziehungskraft mehr und mehr verloren hat. Zumindest *dieser* Wagner läßt sich durch Wagner selbst überwinden – wie es Debussy und Strawinsky gelang, wie es Nietzsche mindestens erstrebte. Man kann seine Sinne schärfen für die doppelte Optik dieses Werks, kann Wagner als den großen Miniaturisten der Musik entdecken, bis man vielleicht am Ende der groben Effekte und großen Symbole, mit denen er die Massen zwingt, überdrüssig ist. Freilich ist in diesem Werk alles vielfältig verwoben, und der Verführer Wagner redet mit vielen Zungen. Nichts kann hier reinlich geschieden werden, nicht Fortschritt und Reaktion und auch nicht kompositorisches Genie und künstlerischer Kitsch. Dennoch kommt es auf nichts anderes als gerade darauf an: auf die kritische Aneignung des Wagnerschen Erbes, auf den unablässigen *Versuch*, das Brauchbare und Gefährliche, das Regressive und Zukunftsweisende in diesem Werk zu unterscheiden.

Die eingehende Beschäftigung mit Wagner ist die einzige Alternative zu seiner Verwerfung. Er läßt sich weder verdrängen noch vergessen, denn man kann sich nicht von der Geschichte und den historischen Bindungen lösen. Wie das Verdrängte zu irrationaler Gewalt anwachsen und Schaden stiften könnte, so würde auch das Vergessene zum Potential der Dehumanisierung werden. Wir müssen also Wagner begreifen als Mann einer konkreten geschichtlichen Situation. Nur so können wir es verhindern, ihm zu verfallen, nur so können wir es vermeiden, ihn zu verwerfen. So können wir ihm vielleicht sogar nahe kommen. Das schlechte Gewissen an der Musik, das er uns als Hypothek hinterließ, werden wir so bald nicht los werden. Aber da es aus der Geschichte kam, kann es auch in der Geschichte vergehen. So, lieber Walter Dirks, verstehe ich Ihren Ratschlag: »Mache menschliche Musik!« Eine solche Musik wäre nicht Weltflucht, sondern ein Weg in die Welt hinein, kein Atavismus, sondern selber seine Überwindung.

Nachweise

Die Allmacht des Genies und der Katze mit der Maus: Einleitung zu einer Auswahl von Wagner-Briefen, München 1983

»Mehr als befreundet – weniger als Freund«: Einleitung zur Neuausgabe des Briefwechsels zwischen Franz Liszt und Richard Wagner, Frankfurt a. M. 1988

Der andere Wagner: in *Frankfurter Hefte* 9/1981

Wagner und kein Ende: Neufassung des Aufsatzes *Krankheit zum Tode. Musik und Ideologie bei Thomas Mann,* in *Text + Kritik,* Sonderband Thomas Mann, München 1976

Die Welt als Wille und Erlösung, oder Der sentimentale Marat: Erstdruck

Das schlechte Gewissen an der Musik: in *Wird es denn überhaupt gehen? Beiträge für Walter Dirks,* München – Mainz 1980

Verlagsgemeinschaft Ernst Klett Verlag –
J. G. Cotta'sche Buchhandlung
© Ernst Klett Verlag für Wissen und Bildung GmbH,
Stuttgart 1991
Fotomechanische Wiedergabe nur mit
Genehmigung des Verlages
Printed in Germany
Schutzumschlag: Klett-Cotta-Design
Aus der 10 Punkt Garamond gesetzt
von Steffen Hahn, Kornwestheim
Auf säurefreiem und holzfreiem Werkdruckpapier
gedruckt und gebunden von Röck, Weinsberg
Frontispiz unter Verwendung einer Fotografie
aus dem Nationalarchiv der Richard-Wagner-Stiftung/
Richard-Wagner-Gedenkstätte Bayreuth

CIP-Titelaufnahme der Deutschen Bibliothek

Kesting, Hanjo:
Das schlechte Gewissen an der Musik : Aufsätze zu Richard
Wagner / Hanjo Kesting. – Stuttgart : Klett-Cotta, 1991
ISBN 3-608-95749-9